Autobiografias racializadas:
exercícios para o letramento racial no Brasil

Geísa Mattos, Tamis Porfírio e Bruno de Castro (org.)

Com textos de:

Geísa Mattos (org.)
Tamis Porfírio (org.)
Bruno de Castro (org.)
Tamara Lopes
Mayra Bispo
Luciana Lindenmeyer
Anderson Lima
Tassiana Carli
Francileuda Portela
Rachel Damico
Mariana Cabeça
Adriana Pereira
Paulo Igor Oliveira

Lia Karine Mesquita
Mayara Melo
Laisla Suelen
Beatriz Lizaviêta
Andrelize Schabo
Poliana Machado
Edgar Bendahan
Andrea Esmeraldo
Fábio Macedo
Thiago de Castro
Luan Santana
Estevão Garcia

Copyright © 2023 by Editora Letramento
Copyright © 2023 by Geísa Mattos
Copyright © 2023 by Tamis Porfírio
Copyright © 2023 by Bruno de Castro

Diretor Editorial Gustavo Abreu
Diretor Administrativo Júnior Gaudereto
Diretor Financeiro Cláudio Macedo
Logística Daniel Abreu e Vinícius Santiago
Comunicação e Marketing Carol Pires
Assistente Editorial Matteos Moreno e Maria Eduarda Paixão
Designer Editorial Gustavo Zeferino e Luís Otávio Ferreira
Capa José Guilherme Machado
Diagramação Renata Oliveira
Revisão Daniel Rodrigues Aurélio

Todos os direitos reservados. Não é permitida a reprodução desta obra sem aprovação do Grupo Editorial Letramento.

Dados Internacionais de Catalogação na Publicação (CIP)
Bibliotecária Juliana da Silva Mauro - CRB6/3684

A939	Autobiografias racializadas : exercícios para o letramento racial no Brasil / Organizado por Geísa Mattos, Tamis Porfírio e Bruno de Castro. - Belo Horizonte : Letramento, 2023. 164 p. : il. ; 15,5cm x 22,5 cm. - (Temporada) ISBN 978-65-5932-359-3 1. Autobiografia. 2. Raça no Brasil. 3. Pertencimento étnico-racial. 4. Processo de racialização. 5. Raça, classe e gênero. I. Título. II. Série. CDU: 82-94 CDD: 920.02

Índices para catálogo sistemático:
1. Autobiografia 82-94
2. Autobiografia 920.02

LETRAMENTO EDITORA E LIVRARIA
Caixa Postal 3242 – CEP 30.130-972
r. José Maria Rosemburg, n. 75, b. Ouro Preto
CEP 31.340-080 – Belo Horizonte / MG
Telefone 31 3327-5771

É O SELO DE NOVOS AUTORES
DO GRUPO EDITORIAL LETRAMENTO

Este livro é dedicado a todas as pessoas em processo de racialização.

"Falar é existir absolutamente para o outro."
Frantz Fanon

Sumário

13 **Prefácio**
Ana Y. Ramos-Zayas

17 **Apresentação**
Geísa Mattos

28 **Aprendendo sobre relações raciais com histórias de vida em sala de aula**
Geísa Mattos

41 CAPÍTULO 1
Marcas do Racismo

42 **Preto sempre correu no chão**
Tamis Porfírio

45 **Dentro do meu nome cabem o mar e o amar**
Tamara Lopes

51 **Por que tentei embranquecer**
Mayra Bispo

54 **Depois dos 30**
Bruno de Castro

59 **Que o silêncio não me cale, que a solidão não me paralise**
Luciana Lindenmeyer

64 **O racismo não diz de nós, diz dos brancos**
Anderson Lima

CAPÍTULO 2
Marcas do Privilégio

72 **Compreendemo-nos como deuses**
Tassiana Carli

78 **As mulheres que trabalhavam em minha casa**
Francileuda Portela

83 **As partes da minha história que editei para ser aceita**
Rachel Damico

88 **O racismo enraizado em mim**
Mariana Cabeça

93 **Ser branca me cegou**
Adriana dos Santos Pereira

99 **Estou em processo de reparação**
Paulo Igor Cândido Sousa de Oliveira

CAPÍTULO 3
Questões de Família

106 **Filho de urubu nasce branco**
Lia Karine Girão Mesquita

110 **Marca de origem**
Mayara Melo

116 **Vivi como branca sem consciência do que era ser branca**
Laisla Suelen

120 **Retrato de família**
Beatriz Lizaviêta

123 **Cartas na mesa**
Andrelize Schabo Ferreira de Assis

128 **Reconheci minha pertença racial ao ver familiares sendo discriminados**
Poliana Machado

132 **O que fizeram de mim, e o que posso fazer com eles?**
Edgar Bendahan

137 **Herança branca**
Andrea Esmeraldo

141 CAPÍTULO 4
Questões de Raça e Classe

142 **Acessando ambientes de branquitude**
Fábio Macedo

147 **Perceber-se branco no país da mestiçagem**
Thiago Silva de Castro

153 **Descolonizando a ancestralidade**
Luan Matheus dos Santos Santana

158 **Classe social no Brasil tem cor**
Estevão Garcia

162 **Sobre os organizadores**
Geísa Mattos
Tamis Porfírio
Bruno de Castro

PREFÁCIO*

> This body have
> Rebirth scars
> That lacerated the souls of thousands of warriors
> Like an amazon
> I fought my right
> To caress my wounds
> And seed the pain.
>
> Carmen Bardeguez-Brown[1]

> Mis letras groseras son más educadas que tu silencio.
>
> "Digo lo que pienso", René "Residente" Perez Joglar[2]

Desde o ano 2000, quando ofertei meu primeiro curso universitário nos Estados Unidos, tenho solicitado o que, em meu programa de estudos, chamo de "ensaio autobiográfico". A intenção é que estudantes possam refletir a respeito de aspectos de suas próprias vidas que tenham contribuído para a forma com a qual eles e elas veem o mundo.

---

[1] Esse corpo tem
Cicatrizes de renascimento
Que dilaceraram as almas de milhares de guerreiros
Como uma amazona
Eu lutei pelo meu direito
Para acariciar minhas feridas
E semear a dor.
"Sem título", Carmen Bardeguez-Brown. Tradução: Mariana Cabeça.

[2] Minhas letras grosseiras são mais educadas que seu silêncio.
"Digo lo que pienso", René "Residente" Perez Joglar, vocalista e letrista da banda Calle 13. Tradução: Mariana Cabeça.

Desde ao menos os anos 1990, um aspecto onipresente na maior parte das etnografias advém de ter um posicionamento pessoal, ou seja, a compreensão de como a biografia de uma pessoa e suas identidades sociais influenciam na pesquisa científica. Solicitar um ensaio autobiográfico em cursos como antropologia e estudos latinos me permitiu não apenas transmitir formas de posicionamentos pessoais, como também aprender a respeito das vidas e das perspectivas de meus e minhas estudantes – muitos/as deles/as latino-americanos/as ou caribenhos/as. Nesse sentido, o ensaio autobiográfico permitia um aspecto pedagógico, o qual também possibilitava uma honestidade maior acerca de conversas difíceis que surgiam em sala de aula.

Quando a professora Geísa Mattos cordialmente me convidou a coensinar um curso ao seu lado, em 2019, na Universidade Federal do Ceará (UFC), em Fortaleza, eu estava muito animada para trabalhar em conjunto com uma colega e amiga tão potente. Cuidadosamente, criamos um programa de estudos ao redor de uma série de tópicos, bem como uma lista de leituras acerca do tema do curso "Racismo e Branquitude". Naquele momento o conceito de "branquitude" ainda tinha pouco alcance no Brasil e muitos estudantes demonstraram perplexidade a respeito do conteúdo programático do curso. Inspirada pelas minhas experiências de ensino nos Estados Unidos – primeiramente em Rutgers, depois na City University of Nova York, e mais recentemente em Yale – nós decidimos acrescentar o ensaio autobiográfico como uma das tarefas a serem solicitadas à turma.

O curso esteve entre uma das experiências mais recompensadoras da minha vida; era intelectualmente estimulante e emocionalmente denso, parcialmente por conta, justamente, do ensaio autobiográfico. Ao contrário do que havia sido minha experiência anterior, os e as estudantes da UFC compartilharam seus ensaios em voz alta uns/umas com os/as outros/as; eles e elas ouviram de seus/suas colegas de classe o que, para quem falava, significava ser negro/negra; bem como a respeito do privilégio de ser branco/branca nos contextos sociais do Brasil. Estudantes que haviam trabalhado como empregadas domésticas e aqueles/as que cresceram sendo servidos/as por elas aprenderam sobre os aspectos raciais e sociais uns/umas dos/as outros/as de uma maneira poderosa, dolorosa e talvez até empoderadora. Enquanto me tomaria muitos capítulos para começar a descrever as características e resultados singulares sobre o curso "Racismo e Branquitude", os autores e autoras de *Autobiografias racializadas: exercícios para o letramento racial no Brasil*, organizado por Geísa Mattos, Tamis Porfírio e Bruno de Castro, realizam esse trabalho de maneira maravilhosa e instigante.

Os escritos deste volume refletem a respeito de experiências em um nível pessoal, íntimo – até mesmo duro, sobre os aspectos profundos de raça e racialização. Não apenas de uma perspectiva de retrato demográfico, mas na complexidade de modos subjetivos e experienciais de formas de existir no mundo do Brasil (e da América Latina). As narrativas apresentadas aqui demonstram uma intervenção urgente: aprender sobre raça, como um projeto de diferenças e práticas excludentes, é imperativo para adotar uma postura de vulnerabilidade e atenção social radicais.

Por muito tempo as lutas antirracistas têm sido colocadas como responsabilidades únicas e exclusivas de pessoas negras, indígenas e pardas. *Autobiografias racializadas* nos conclama a ir além de uma marginalização com aqueles que aqui se identificam e, coletivamente, desmantelar a supremacia branca e as práticas diárias de manutenção do privilégio branco. Ainda mais importante, o volume editado propõe uma prática de honestidade explícita e diálogos desconfortáveis para transformar o antirracismo em uma prática incorporada de existência – sem a qual falharemos em alcançar uma humanidade plena. Essas práticas requerem um nível de sintonia afetiva que centra a incorporação da atenção plena às experiências de racismo e privilégio, incluindo em como isso se manifesta em nossos próprios corpos; também exigem atenção aos nossos núcleos familiares, contextos sociais de origem e parentesco em toda a sua abordagem complexa de raça e cor.

Enquanto na academia da América Latina há uma bibliografia robusta a respeito de raça e racialização que foca na estrutura e dinâmica de desigualdade racial e categorias de raça, *Autobiografias racializadas* supera essa bibliografia ao prover um entendimento singular, ousado e sincero, de como nossos aprendizados de raça e racialização se tornam internalizados e incorporados.

Bem como a poeta e educadora afro-porto-riquenha Carmen Berdeguez-Brown destaca em seu poema no início deste prefácio, *Autobiografias racializadas: exercícios para o letramento racial no Brasil* reconhece as "cicatrizes de renascimento" do corpo (e as almas dilaceradas nesse processo) em relação à luta pelos direitos humanos. Além disto, este livro se propõe a ter a honestidade como base, até mesmo honestidade rude, em nossa redescoberta a respeito da dimensão de preconceito, privilégio e desigualdade. Isso seria o que o René Perez Joglar, rapper e compositor porto-riquenho da banda Calle 13, também conhecido como "Residente", disse em sua declaração: que letras não polidas demonstram maior cuidado e preocupação que silêncios polidos.

Assim como foi uma imensa honra pessoal e profissional dividir de maneira honesta, às vezes dolorosa, diálogos com estudantes do curso de "Racismo e Branquitude", eu me sinto igualmente privilegiada em escrever o Prefácio de um volume editado tão poderoso e influente.

Ana Y. Ramos-Zayas

Nova York, 24 de novembro de 2022.
*Tradução de Mariana Cabeça

APRESENTAÇÃO

Geísa Mattos

O convite era desafiador para os autores e autoras reunidos nesta coletânea. Um chamado a escrever com o próprio corpo e com as emoções que ele tinha para contar. Rememorar, do modo mais honesto possível consigo mesmo, aspectos de sua história de vida que foram determinantes para a compreensão de si mesmos/as como seres racializados/as. Como inspiração, eles e elas tiveram contato com a escrevivência de Conceição Evaristo, toda ela marcada por sua experiência de vida como mulher negra. Também foram chamados a trazer à luz "a biografia nas sombras", lendo a antropóloga cubano-americana Ruth Behar (1993), para quem era fundamental revelar os privilégios que ela teve para chegar a ter "o direito de escrever". Foram ainda sacudidos pela escrita "como gesto do corpo, gesto da criatividade, trabalho de dentro para fora", de Gloria Anzaldúa (2015). "O corpo é o solo do pensamento", inspira a fronteiriça Anzaldúa. O convite então era fundamentalmente aos corpos – tão centrais na materialidade do mundo e na construção social do racismo – para uma conversa profunda e honesta sobre raça.

Os 24 ensaios que deram origem a esta coletânea surgiram como exercício em sala de aula. Eles foram realizados no âmbito da disciplina eletiva "Racismo e Branquitude", ofertada no programa de pós-graduação em sociologia da Universidade Federal do Ceará no segundo semestre de 2021. Naquele momento, por causa da pandemia de covid-19, o curso estava sendo realizado em modo on-line, o que acabou permitindo a participação de estudantes de mestrado e doutorado de universidades de norte a sul do país, e de diversas áreas de pós-graduação. Assim, pudemos contar com uma produção que inclui autores de Rondônia, Bahia, Ceará, Piauí, Minas Gerais, São Paulo, Rio de Janeiro, Santa Catarina.

Os estudantes foram convidados a escrever suas autobiografias como ferramenta pedagógica para a reflexividade dos seus processos de racialização. O resultado mostra que, quando refletimos crítica e honestamente sobre como vivenciamos raça em nossas vidas, revendo nossas autobiografias de modo visceral, escrevendo com nossos corpos, podemos produzir o reconhecimento e tornar consciente como visões de mundo íntimas e afetivas que definem o racismo foram sendo consolidadas em nossas experiências.

Mesmo sendo socialmente construída, raça é concretamente vivenciada na intimidade afetiva de cada sujeito (Berg e Ramos-Zayas, 2015) e nas suas relações com outros significativos em suas vidas. Este livro é uma amostra de que autobiografias, quando construídas de modo corajoso e sem autoindulgência, podem contribuir para compreensões mais complexas de como as noções de raça e racismo foram sendo internalizadas. Em outras palavras, oferecem ferramentas para o letramento racial (Twine, 2006). Nosso intuito é apresentar o potencial das autobiografias para os processos de racialização e a tomada de consciência mais profunda do racismo estrutural. Acreditamos que este exercício estimula a responsabilização ética de pessoas brancas nas lutas antirracistas.

Como há muito tempo já foi reconhecido cientificamente, não há qualquer base biológica que justifique a diferenciação das pessoas em função de suas características fenotípicas. No entanto, é principalmente em função da cor da pele e dos cabelos que grupos de indivíduos são identificados socialmente como afrodescendentes e vão sofrer discriminação sistemática em nossa sociedade. Enquanto negros constituem cerca de 54% da população brasileira, 68,9% dos cargos gerenciais são ocupados por brancos. Em relação aos jovens negros, a taxa de homicídios no Brasil é 98,5 para cada 100 mil habitantes, enquanto esse número despenca para 34 quando se tratam de brancos (IBGE, 2019). Mas se é na fria objetividade das estatísticas que o racismo estrutural no Brasil encontra comprovação contundente, é na subjetividade vivenciada de modo íntimo que ele se faz verdade de modo mais violento.

Talvez por terem aguda consciência de seus corpos como alvo de violências, intelectuais negros e negras desenvolveram nas últimas décadas uma tradição de escrever em primeira pessoa, trazendo elementos de experiências autobiográficas para as suas construções teóricas, mesmo enfrentando resistências do racismo epistêmico. Entre os importantes autores e autoras que assim o fizeram (e o fazem) estão Frantz Fanon (2008), Neusa Santos (1983), Lélia Gonzalez (1988), bell hooks (2013), Audre Lorde (2019) e Grada Kilomba (2019). Entre os autores e autoras brancos e brancas, no entanto, essa prática é mais rara e muitas vezes desestimulada dentro da formação acadêmica. Como escreveu Grada Kilomba, "uma sociedade que vive da negação, ou até mesmo da glorificação da história colonial, não permite que novas linguagens sejam criadas. Não permite que seja a responsabilização e não a moral, a criar novas configurações de poder e de conhecimento" (2020, p. 13). A autora narra que seu trabalho era acusado por intelectuais brancos/as dentro da academia de ser "pouco científico", "muito subjetivo", "muito emocional". "Tais comentários funcionam como uma máscara que silencia nossas vozes assim que falamos. Eles permitem que o sujeito branco posicione nossos discursos de volta nas margens, como conhecimento desviante, enquanto seus discursos se conservam no centro, como norma" (Kilomba, 2019, p. 52).

Aqui tiramos a máscara – inclusive das pessoas brancas que por tanto tempo negaram a existência do racismo no Brasil em nome da crença de que "somos todos mestiços". Falamos do centro das subjetividades, das emoções e dos corpos – lugares onde o racismo é de fato vivido e ganha concretude. O convite para a escrita dos ensaios com tal grau de visceralidade enfrentou resistências e dificuldades iniciais pelos autores/as, que foram formados/as e conformados/as nos espaços acadêmicos de modo a silenciar a si próprios/as em seus textos. Se para negros e negras a máscara foi um silenciamento imposto pela branquitude, para brancos e brancas tirar a máscara significava ter que encarar o peso da culpa e da vergonha que habitam nas sombras do seu próprio corpo no espaço de uma sociedade estruturalmente racista. Como escreveu Andrelize Schabo: "Depois de refletir, entendi a necessidade. Colocar as dores e as vivências no papel é um processo visceral (...) e, ao longo da escrita, abri gavetas de memórias ora esquecidas, ora mascaradas, ora varridas para debaixo do tapete".

Abrindo corajosamente as gavetas das memórias de "dores esquecidas", os textos exploram/revelam em seu conjunto:

1. Processos de racialização tardia – muitos autores e autoras, tanto negros/as, quanto brancos/as, revelam só terem começado a pensar sobre si próprios racialmente de modo mais consciente há apenas poucos anos atrás, e com mais de 30 ou 40 anos. A ausência de letramento racial em uma sociedade na qual a escravização de pessoas negras imperou durante quatrocentos anos, e deixou marcas que persistem na contemporaneidade, é uma mostra do tipo de racismo que vigorou no Brasil, no qual a ideia da harmonia racial foi dominante até o final do século XX. As políticas de ação afirmativa contribuíram definitivamente para mudar essa realidade, forçando a uma classificação racial que pela primeira

vez passou a ter impactos positivos para negros e negras, enquanto brancos e brancas passaram a ser colocados na berlinda e responsabilizados/as pela manutenção das estruturas racistas.
2. Olhares mais atentos às marcas corporais e aos seus significados. Como expressou Mayara Melo: "Há dias estou rememorando como meu corpo foi colocado no mundo, como eu o coloquei e como os outros o posicionaram". As escritas elaboram esses posicionamentos corporais frente a outros corpos diferentes, ainda que afetivamente muito próximos.
3. A complexidade das relações familiares multirraciais e como elas são reveladoras do racismo dentro das famílias. É justamente nas relações com pais, mães, irmãos e avós que as crianças brancas percebem seus privilégios e as negras percebem preterimentos e discriminações. Como expressou Beatriz Lizaviêta, "o conflito racial sempre esteve anunciado, ele só demorou a tomar uma forma que eu conseguisse compreender".

Exploram as intersecções de classe e raça, mostrando como pessoas brancas, ainda que em situação de pobreza, percebem criticamente que tiveram privilégios em função da cor de sua pele. Por outro lado, mostra como brancos e brancas que viveram em condição de pobreza são bem mais capazes de estranhar o "mundo das elites" e de perceberem as hierarquias da branquitude e suas interseccionalidades.

No capítulo 1, **As Marcas do Racismo** são escrutinadas. No potente texto de Tamis Porfirio, a dor do preterimento é duramente reconhecida. Pensando sobre inseguranças que desenvolveu ao lidar com o racismo, ela constata: "Eu não sou insegura. Me fizeram insegura! Toda vez que eu aprumava as asas, a branquitude me lembrava que eu não deveria ter asa nenhuma. Preto sempre correu no chão". Mas a força de suas asas se impõe e ela voa, ao mesmo tempo que lhe chega o aprendizado de honrar os ancestrais: "Eu sou o fruto de todos os que vieram antes de mim, mas também sou o ponteiro do meu próprio relógio".

Tamara Lopes também aprendeu a voar, descobrindo-se como artista, fotógrafa e intelectual, apesar dos limites que a branquitude lhe impõe cotidianamente: "Mulher, negra, bissexual, moradora de periferia. Essas são algumas das identidades que atravessam meu corpo, meu cotidiano, minha trajetória de vida e que delimitam o 'meu lugar na sociedade'". A autora mostra como consegue constantemente deslocar-se dessa ordem imposta e reafirmar-se por "uma voz que é minha e ao mesmo tempo de todas as outras pessoas da mesma condição social que eu". Ela ressignifica o seu corpo dançando e se reinventa por meio da dramaturgia: "Enquanto o sujeito branco entende a própria beleza quase que espontaneamente, nós, pessoas negras, precisamos construir uma série de narrativas positivas que abarquem nossa importância no mundo".

Os sofrimentos impostos aos cabelos das mulheres negras, entre outras violências racistas, aparecem na narrativa de Mayra Bispo, que "hoje se afirma com uma mulher preta com muitos traumas. Em processo de desconstrução e aceitação". Já a narrativa de Bruno de Castro revela que as leituras de intelectuais negros foram fundamentais para ele se entender como negro, com mais de 30 anos. "Entender que sou negro me condicionou a decifrar o mundo por esse olhar. A treinar esse olhar. E a questionar esse mesmo mundo a partir do meu lugar de homem de cor, especialmente no jornalismo, meu campo de atuação".

Na narrativa de Luciana Lindenmeyer, o tema da solidão da mulher negra é marcante: "Não consigo me lembrar um momento em que me senti verdadeiramente amada e respeitada com os homens, como em outras relações de amigos ou familiares que tive contato ao longo de minha vida". Mas, como ela expressa, são também os afetos e a irmandade com outras mulheres negras que conheceu nas lutas dos movimentos negros que a fazem "esperançar". O ensaio de Anderson Lima segue no sentido de positivar sua identidade como negro: "Não costumo falar de racismo. O racismo diz dos brancos. O que diz de nós é o dengo e a malungagem".

No capítulo 2, **As Marcas do Privilégio**, as percepções de autores/as brancos e brancas aparecem permeadas de autocrítica e de uma dura compreensão das suas próprias ambiguidades nesse processo de racialização. Tassiana Carli dá-se conta do véu da pretensa superioridade que incorporou como mulher branca: "Compreendemo-nos como deuses, onipotentes, onipresentes e oniscientes, impassíveis ao erro e sempre capazes de salvar". E ao fazê-lo, ela encontra também a armadilha do "antirracismo de fachada" (Mattos e Accioly, 2021), que é preciso lutar para superar: "Penso, assim, que o principal, na realidade, se encaminhava para o 'ser reconhecida não racista' e não para a honestidade no modo como agora a reconheço e em que busco trilhar meus caminhos, ainda que repleto de armadilhas".

Em um dos ensaios mais corajosos dessa coletânea, Francileuda Portela encara um ponto central da reprodução da branquitude no Brasil: a relação entre patroas e empregadas domésticas. Sendo a filha de uma ex-empregada doméstica, ao revisitar sua autobiografia com as lentes adquiridas pelas leituras sobre racismo, ela foi capaz de observar o quanto "mesmo com as marcas do seu vivido [a mãe] acabava operando e reproduzindo suas experiências, numa mistura de exigência à servidão por parte das pessoas que exerciam o trabalho doméstico, como também sua postura de mando diante do lugar que agora ocupava. O lugar de patroa".

Outro ensaio muito corajoso é o de Rachel Damico. Tendo o privilégio de ser branca, a autora afirma que com a cor da sua pele conseguia "editar a sua história", omitindo, por exemplo, que vinha da pobreza. Mas foi ao se descobrir lésbica que Rachel conseguiu compreender a opressão do racismo vivido por sua avó de origem indígena: "Para chegar nisso, tive que me encontrar no lugar de objeto. Mais precisamente de abjeta" (...) "O silêncio me aproximou de minha vó. A culpa veio primeiro. Em seguida, abri espaço para a escuta. Eu já não tinha mais vergonha. Não de minha vó. Deixei-a para mim".

A narrativa de Mariana Cabeça sobre como desenvolveu consciência dos seus privilégios como branca é exemplar em termos do papel que teve a convivência com estudantes negros/as que ingressaram por meio das ações afirmativas na universidade: "A faculdade que entrei, em 2012, não era a mesma de 2015, quando reingressei noutro curso. Foi nessa transição para a Psicologia que comecei a notar o quanto o racismo está enraizado em mim". No livro de poesias que ela escreveu em coautoria com a amiga negra Kelly Cena, Mariana revisita sua autobiografia, e critica algumas das chaves da afirmação da branquitude enquanto tal, a "meritocracia" e o individualismo:

> hoje eu entendo
> esse mundo aí, eu não quero mesmo
> sua falácia de mérito individual
> é o próprio juízo final.

Professora de língua portuguesa na educação básica há dezoito anos, Adriana Pereira precisou chegar ao doutorado para compreender a importância das lentes raciais para "ler" a sociedade brasileira. Foi com mais de 40 anos que Adriana conseguiu se ver como branca, mesmo tendo pele, cabelo e olhos claros. "Fico também pensando na grande quantidade de educadoras/es que, estando em um dos lugares privilegiados para o letramento racial crítico – a escola –, ainda não vivenciam/compreendem, ciente e criticamente, o impacto das dimensões raciais no cotidiano dos indivíduos, com destaque às opressões diárias sofridas por negras/os em nosso país".

Fechando este capítulo, Paulo Igor Oliveira revê sua história de vida, no contexto do curso "Racismo e Branquitude", e se percebe no lugar de opressor, enquanto homem e enquanto branco: "Minimizar os atos racistas era recorrente nas minhas ações. Isso não durou pouco tempo. Pelo contrário. Ocorreu por quase toda a minha vida. E eu mal percebia que, ao desumanizar pessoas negras, estava me desumanizando".

A complexidade do racismo no seio das relações familiares no Brasil, tema analisado em trabalhos de Lia Vainer Schucman (2018) e Elizabeth Hordge-Freeman (2015), aparece no capítulo 3, **Questões de Família**. É no interior de uma família inter-racial que os privilégios dos indivíduos brancos e brancas se faz presente de modo mais doloroso. Como revela Lia Karine Mesquita, filha branca de pai negro e mãe branca, cuja irmã é negra. Lia revela que seu "grande sofrimento no processo de letramento racial foi justamente compreender as implicações dos meus privilégios, principalmente no meu contexto familiar. E a maior e mais difícil ilusão que tive que desfazer foi a do meu merecimento".

Na emocionante narrativa de Mayara Melo, um segredo familiar escondido que vai sendo revelado por ela traz consigo a dor do racismo incorporado e silenciado. "Cresci ouvindo: 'A gente faz tudo pra ser gente, mas não nega o sangue que tem'". Já no ensaio de Laisla Suelen, o contexto familiar é central para revisitar sua autopercepção racial. Sendo filha branca de pai negro, as suas memórias do racismo na família, no entanto, não eram conscientes, até que começou a refletir sobre elas. "Sempre fui vista como 'a branquinha' ou 'a clarinha'. (...) Eu sempre soube que era branca. Desde criança, me vi e me tratavam como branca. E isso não quer dizer que eu entendia o significado de ser branca, da minha branquitude".

Também filha branca de pai negro, Beatriz Lizaviêta utiliza retratos de família para refletir sobre sua autopercepção racial no contraste com a cor da pele de seu pai: "Lembro de parar sempre que estávamos juntos e colocar meu braço próximo ao dele e observar a diferença entre nós. Ali estavam as respostas de muitas questões que eu ainda não sabia como enunciar". Outra estudante branca que participou do curso, Andrelize Schabo, morando em Rondônia, soube o que era racismo ao ver seu pai sendo discriminado: "As dores também respingam em nossas vivências quando crescemos em uma família inter-racial". Algo semelhante acontece com Poliana Machado, na cidade de Juazeiro do Norte, interior do Ceará: "Foi não sofrendo o que os meus familiares sofreram/sofrem que reconheci minha pertença racial. Mas, para mim, era tão confuso que, em meus pensamentos, a/o branco era algo ruim (digo ruim no sentido de produzir o racismo)".

O paulista Edgar Bendahan redescobre a origem de seu sobrenome e desvenda o racismo escondido na história que lhe dá origem, sendo ele o neto branco de avós negros moçambicanos. Mas ao contrário de brancos/as que buscam "tirar a avó preta" da manga para reivindicarem o lugar de "não brancos/as", Edgar faz questão de "não esquecer" que é branco, reconhecendo o papel que o argumento da mestiçagem tem tido como "o fiel escudeiro da branquitude para fortalecer a exclusão". Pois, constata ele, "apesar da evidente mistura genética da nossa população, a branquitude exercida de forma silenciosa no cotidiano importa e me privilegia de forma material e simbólica, pois privilegia determinados corpos desde o Brasil colônia até os tempos atuais".

Também revisitando sua ancestralidade de origem portuguesa, Andrea Esmeraldo reencontra sua bisavó, conhecida como Iaiá. O apelido lhe faz lembrar das senhoras de escravos. "Assim é que a presença de Iaiá me confronta com uma ascendência marcada pelo povo que subjugou outros povos e viveu pela dor, suor, sofrimento e morte de muitas famílias que não tiveram a oportunidade de ter história a contar". Andrea escreve sem autoindulgência: "Minha herança branca é a herança do uso do poder para benefício próprio. Uso da força para o massacre de povos negros e indígenas que aqui no Brasil sofreram e sofrem apagamento".

No capítulo 4, as narrativas exploram as intersecções entre pobreza e racismo. **Questões de classe e raça** inicia com o pungente texto de Fábio Macedo, cuja família trabalhava para uma família de classe média branca em Fortaleza. Sua avó era cozinheira e sua tia babá. Como seus pais haviam trabalhado como caseiros em um sítio da mesma família, ele passou a frequentar a casa dessas pessoas brancas ricas durante suas férias escolares, para brincar com o menino de classe média de quem a tia era babá. "Apesar de naquela época não ter consciência disso, minha cor de pele mais clara (classificada em contextos como parda) me fez acessar esses lugares frequentados pela 'nata de Fortaleza'". O autor observa que mesmo que a distinção de classe fosse marcante para ele, a construção social de sua branquitude foi o seu *passing* "quase que obrigatório para conviver com e entre eles em lazeres momentâneos".

Thiago de Castro viveu também a experiência de estranhar o mundo das elites quando entrou na universidade, mesmo sendo branco. Membro de uma família de classe popular, moradora do subúrbio da cidade de Sobral, na região norte do Ceará, ele revela que sempre desejou sair daquele lugar, "ao mesmo tempo simbólico e material". "Passei ao menos dois semestres tentando me adaptar à carga de leituras e complexidade das discussões acadêmicas, em função das lacunas deixadas por minha formação anterior". Ele notava que seus colegas que mais se destacavam nos trabalhos vinham de experiências escolares distintas, construídas em escolas particulares em suas cidades, onde a prática da leitura parecera ter sido incentivada desde cedo. "Não demorei a me dar conta de que existiam outras pessoas como eu. Porém, formávamos uma minoria naquele lugar".

Ainda assim, o letramento racial adquirido ao cursar a disciplina "Racismo e Branquitude" fez Thiago perceber que, "apesar das dificuldades, sempre fiz parte de um processo social que, como constata a psicóloga Lia Schucman, tende a manter os brancos em melhores lugares que os não brancos, mesmo que tal lógica não se veja como racista, me faz pensar no quanto a vida ainda precisa ressignificar práticas e discursos".

Luan Matheus Santana revela ser o filho único de pais operários: mãe agricultora rural e operária da indústria da confecção e pai trabalhador da indústria da refrigeração. Na festa mais tradicional de Piripiri, no Piauí, onde viveu sua infância e adolescência, durante os festejos de Nossa Senhora dos Remédios, a cidade toda se encontrava na praça principal. "Naquele momento, era possível ver que, mesmo em um lugar tão pequeno, a desigualdade pulsava como pulsa nas grandes cidades: os mais ricos em carros de luxo, os mais pobres a pé. Todos na mesma direção, mas de modos diferentes. Todos se encontrando no mesmo lugar, mas quase tudo parecia separar: as roupas, o olhar, o jeito de andar".

A desigualdade social de classe foi a primeira inquietação da vida de Luan. Foi somente a partir de suas vivências e leituras na universidade que ele descobriu que o racismo também fazia parte de modo estruturante da desigualdade. Ele então se dá conta de "um vazio existencial que negava minha origem, minha raça, meu povo. Que, por muitas vezes, me embranqueceu e por outras tantas me deu passabilidade para acessar lugares negados há muitos dos meus. Sem pele retinta, o racismo me atravessou como um véu, encobrindo sua violência estrutural brutal e deslocando a culpa para outros lugares e sujeitos".

Fechando a nossa coletânea, o ensaio de Estevão Garcia mostra o seu longo processo de letramento racial, que o fez compreender que mesmo tendo origem em uma classe social e econômica marcadamente pobre, a cor de sua pele clara não somente o impediu de ser vítima de várias situações de discriminação e violência, como possibilitou que ele tivesse "acesso a lugares, conhecimentos e experiências que pessoas não brancas raramente tiveram".

Mas o processo não foi linear nem simples. Estevão já foi contrário à implementação das cotas raciais na universidade, e usava como argumento mais forte a "meritocracia". A convivência com os/as estudantes negros/as na universidade, os diálogos e a formação diária que adquiriu trocando experiências com estes/as, e a experiência de morar por três anos na Favela de Manguinhos, no Rio de Janeiro, onde teve a oportunidade de conhecer Marielle Franco, fizeram-no "compreender que classe social no Brasil tem cor. As atividades formativas que tive como professor do cursinho pré-vestibular do Morro da Providência, bem como o contato com uma bibliografia mais afrocentrada ou afrodiaspórica deram início ao meu processo de entendimento desse debate racial, bem como minha autoidentificação como sujeito branco".

Ao organizar a disposição das histórias neste livro, começamos pelas narrativas de pessoas negras, pois são elas que consistentemente têm mobilizado as brancas em seus processos de pensar a si próprias de modo racializado. Se não fosse pelo ingresso de estudantes negros e negras, com a lei federal 12.711/2012 que institui as ações afirmativas nas universidades federais brasileiras, e pelas maneiras desafiadoras com as quais negros e negras passaram a ocupar espaços acadêmicos antes quase que totalmente brancos, os brancos/as que fazem parte das elites sociais e intelectuais do Brasil continuariam muito confortáveis no autoritarismo de sua branquitude, praticando o "racismo sem racistas" (Bonilla-Silva 2020), que marca até hoje a escolha e as perspectivas sobre "objetos de estudo", programas e currículos de universidades em todo o país.

Com este conjunto de ensaios autobiográficos, esperamos contribuir para que professores/as e estudantes/as de todas as áreas do conhecimento possam perceber a necessidade de investir em seus próprios processos de letramento racial, para que assim consigamos dar passos à frente para descolonizar os currículos e mudar mentalidades racistas.

REFERÊNCIAS

ANZALDÚA, Gloria. *Light in the Dark/Luz en lo oscuro*: Rewriting Identity, Spirituality, Reality. London and Durham, Duke University Press, 2015.

BEHAR, Ruth. Biography in the Shadow. In: BEHAR, Ruth. *Translated Woman*. Boston, Beacon Press, 1993.

BERG, Ulla D. e RAMOS-ZAYAS, Ana. Racializing Affect: A theoretical proposition. *Current Anthropology*, v. 56, n. 5, p. 654-677, 2015.

BONILLA-SILVA, Eduardo. *Racismo sem racistas*. São Paulo, Perspectiva, 2020.

FANON, Frantz. *Pele negra, máscaras brancas*. Salvador, EdUFBA, 2008.

GODOI, Marciano e SANTOS, Maria Angélica. Dez anos da lei federal das cotas universitárias. Avaliação dos seus efeitos e propostas para sua renovação e aperfeiçoamento. *RIL Brasília* a. 58 n. 229, p. 11-35, jan./mar. 2021.

GONZALEZ, Lélia. A categoria político-cultural de amefricanidade. *Tempo brasileiro*, Rio de Janeiro, n. 92/93, p. 69-82, jan./jun. 1988.

HOOKS, bell. *Ensinando a transgredir*: a educação como prática da liberdade. São Paulo, WMF Martins Fontes, 2013.

HORDE-FREEMAN, Elizabeth. *The Color of Love*: Racial Features, Stigma & Socialization in Black Brazilian Families. Austin, University of Texas Press, 2015.

IBGE. INSTITUTO BRASILEIRO DE GEOGRAFIA E ESTATÍSTICA. Desigualdades sociais por cor ou raça no Brasil. Estudos e Pesquisas. *Informação Demográfica e Socioeconômica*, n. 41. Rio de Janeiro: IBGE, 2019.

KILOMBA, Grada. *Memórias da plantação*. Episódios de racismo cotidiano. Rio de Janeiro, Cobogó, 2019.

LORDE, Audre. *Irmã outsider*: ensaios e outras conferências. Tradução de Stephanie Borges. Belo Horizonte, Autêntica, 2019.

MATTOS, Geísa e ACCIOLY, Izabel. "Tornar-se negra, tornar-se branca" e os riscos do "antirracismo de fachada" no Brasil contemporâneo. *Latin American and Caribbean Ethnic Studies (Print)*. v.16, p.1 - 12, 2021.

SANTOS, Neusa de Souza. *Tornar-se negro*: as vicissitudes da identidade do negro brasileiro em ascensão social. Rio de Janeiro, Graal, 1983.

SCHUCMAN, Lia. *Famílias inter-raciais*: tensões entre cor e amor. Salvador, EdUFBA, 2018.

TWINE, France Winddance and Steinbugler, Amy C. The Gap Between Whites and Whiteness: Interracial Intimacy and Racial Literacy. *Du Bois Review*, v. 3, n. 2, p. 341, 2006.

APRENDENDO SOBRE RELAÇÕES RACIAIS COM HISTÓRIAS DE VIDA EM SALA DE AULA

Geísa Mattos

Muito tem sido escrito acerca do impacto dos dez anos da chamada "lei de cotas", a lei federal número 12.711, promulgada em 2012, que criou a obrigatoriedade das ações afirmativas para afrodescendentes no Brasil. Estudos importantes têm focado nas trajetórias dos estudantes cotistas e suas organizações em coletivos, com as quais estes fortalecem suas identidades raciais (Rodrigues e Sito, 2019; Pinheiro et al., 2021; Guimarães, Rios e Sotero, 2020). Essas pesquisas revelam a revolução que a política de ação afirmativa vem representando para as universidades e as novas dinâmicas raciais no Brasil. No entanto, um aspecto muito relevante dessa transformação ainda tem sido pouco estudado: como estudantes brancos, instigados pelas questões trazidas pelos colegas negros, vão se racializando nesses processos e dando significados à própria branquitude?

Os ingressantes negros, ao se organizarem em coletivos, fortaleceram-se para questionar as perspectivas eurocêntricas nos programas dos cursos, criticar autores racistas, problematizar temas de pesquisas que consideram elitistas e buscar descolonizar o conhecimento (Mattos e Accioly, 2021). Surgiram com frequência embates em sala de aula entre professores brancos, que ainda constituem a grande maioria dos docentes (Mello, 2021), e estudantes negros, agora em pouco mais de 50% (IBGE, 2019). Reações de aversão por parte de colegas brancos ao debate sobre racismo também se tornaram comuns, mas o fato é que a dinâmica racial mudou nas universidades, gerando processos de letramento racial e de reconhecimento dos privilégios da branquitude em uma estrutura social racista.

"Racial literacy", termo cunhado pela antropóloga afro-americana France Winddance Twine (2006), que no Brasil foi traduzido por Lia Vainer Schucman (2012) como "letramento racial", significa um conjunto de práticas que permite às pessoas brancas "ler" o ambiente racial na interação com outros grupos raciais, possibilitando um melhor entendimento do valor simbólico e material da branquitude, do racismo presente na estrutura da sociedade e de que forma isso as privilegia. Como Twine propõe, para a desconstrução do racismo, é necessário que pessoas brancas também se percebam racializadas. Twine define o letramento racial como uma prática diária, uma instância analítica que facilita a autoeducação, permite traduzir códigos raciais e decifrar estruturas raciais (Twine, 2006, p. 344).

O letramento racial supõe o aprendizado de uma série de concepções. Entre estas, a autora lista: 1) o reconhecimento do valor simbólico e material da branquitude; 2) a definição do racismo como um problema social do presente, não somente um legado histórico; 3) uma compreensão de que as identidades raciais são aprendidas e resultam de práticas sociais; 4) a posse de uma gramática racial e de um vocabulário que facilita as discussões sobre raça, racismo e antirracismo; 5) a habilidade de traduzir (interpretar) códigos raciais e práticas racializadas; e 6) uma análise de como o racismo é mediado por desigualdades de classe, hierarquias de gênero e heteronormatividade (Twine, 2006, p. 344, tradução minha).

No Brasil, Aparecida de Jesus Ferreira (2014) desenvolveu, de modo pioneiro, uma metodologia de letramento racial crítico baseada em autobiografias em sala de aula – essa metodologia foi desenvolvida entre os anos de 2011 e 2013, no mestrado em línguas da Universidade Estadual de Ponta Grossa (UEPG), Paraná. Sua pergunta de partida aos estudantes era: "Como você se deu conta de que o racismo existe?". Em um de seus artigos publicados a respeito desta experiência (Ferreira, 2014), ela analisa 32 narrativas autobiográficas de professores de línguas e constata como os sentidos atribuídos à identidade racial negra eram negativos, enquanto os da identidade racial branca eram positivados.

Nos anos de 2019 e 2021, em um contexto bem diferente daquele em que Ferreira (2014) desenvolveu sua experiência, convidamos estudantes a escreverem autobiografias rememorando como vivenciaram raça em suas vidas – a branquitude era colocada em um contexto bastante crítico dentro da universidade, especialmente por conta das pressões trazidas pelos estudantes negros e negras. Apesar de ter sido muito desafiante, convenci-me de que tal método se constitui em um visceral instrumento para o letramento racial. E é sobre os efeitos e resultados dessa metodologia que reflito neste artigo.

A ideia de solicitar aos estudantes que escrevessem ensaios autobiográficos me veio por intermédio de Ana Ramos-Zayas, professora da Universidade Yale, que eu havia conhecido durante meu pós-doutorado em Nova York, e com quem estabeleci parceria na elaboração do programa do curso "Racismo e Branquitude" no primeiro semestre de 2019, no Programa de Pós-Graduação em Sociologia da Universidade Federal do Ceará (ver o prefácio dela nesta obra). Ana Ramos-Zayas já possuía uma experiência de vinte anos na metodologia, como modo de conhecer as histórias de vida de seus estudantes – prática muito importante e recomendável para os professores lidarem com questões sensíveis e traumáticas nas turmas, e que infelizmente ainda tem sido pouco utilizada em universidades brasileiras.

Como outros/as professores/as e pesquisadores/as também têm feito, trabalhar com autobiografia em sala de aula permite constatar que tal metodologia é mais do que uma experiência liberadora. "É uma forma moral e política de estar no mundo", como define Denzin (2003, p. 258). Boufoy-Bastick (2004) sugere que a partir de "incidentes críticos" identificados ao longo de nossas trajetórias de vida, podemos perceber como se constituíram nossos valores mais profundamente entranhados. A autoetnografia, aplicada à Teoria Racial Crítica (Critical Race Theory) e à Pedagogia Crítica (Critical Pedagogy), pode ser especialmente relevante no contexto do Brasil e de outros países da América Latina, nos quais o mito da mestiçagem é arraigado e onde o reconhecimento de padrões incorporados de branquitude por parte das elites econômicas, políticas e intelectuais é central para o enfrentamento teórico, prático e político do racismo estrutural.

Um professor afro-americano – Alexander (1999) –, por exemplo, refletiu sobre a própria autobiografia, articulando-a à análise de outras narrativas biográficas de colegas e estudantes negros e chegou à compreensão da sala de aula como espaço de performances de raça e gênero que constroem "autoridades" e modos de legitimação no campo universitário. O autor definiu, então, autobiografia "como teoria, processo de recriação, revisão e de dar sentido ao passado biográfico", que pode ressignificar o modo como legitimamos autoridade no espaço acadêmico. Boylorn usa a autoetnografia "para confrontar preconceitos, interromper narrativas teimosas que resistem à diversidade, e fazer novas e revisadas histórias de vida possíveis" (2014, p. 315). Para a autora, engajar-se na autoetnografia significa validar a experiência como dado, além de permitir aos pesquisadores estarem plenamente conscientes como escritores e participantes em suas narrativas.

Neste artigo, reflito sobre a experiência vivenciada nas duas oportunidades em que trabalhei com autobiografias como instrumento de letramento racial junto a pós-graduandos. Na primeira edição, realizada de modo presencial no primeiro semestre de 2019 a turma era composta por vinte alunos matriculados, estudantes de pós-graduação em sociologia, psicologia, história e antropologia. Mais de 50% da turma se autodeclarava negra e vinha de outros cursos e universidades do Ceará, e uma aluna de São Paulo. A grande procura de estudantes pelo curso mostrava o interesse que a temática da branquitude começava a despertar. Porém, naquele momento, notava que eram principalmente estudantes negros/as que tinham noção do potencial da abordagem crítica da branquitude. Em 2019, o termo estava apenas começando a entrar para a gramática do ativismo antirracista no Brasil. Os/as estudantes brancos/as matriculados/as ainda não sabiam bem o que esperar do curso.

Uma das alunas brancas me disse, numa conversa após o término do semestre, que se sentia inicialmente inibida por estar em uma sala de aula que discutiria racismo com tantos/as negros/as, e era a primeira vez que se via nessa situação. Ela optou por ficar em silêncio na maior parte do tempo, pois sentia que o debate entre os/as estudantes negros/as estava bastante avançado e ela receava falar algo que pudesse ferir sensibilidades. "Vim por causa do interesse sobre racismo, mas não tinha a menor ideia do que era pensar a construção social do privilégio branco", contou a estudante, que vinha da pós-graduação em história.

Outras alunas brancas se expressaram de forma semelhante. A abordagem crítica da branquitude diante de uma turma com tantos/as estudantes negros/as também colocava uma situação nova para mim como professora branca. Sentia que devia escolher cada palavra na sala de aula com cuidado, pois a linguagem, ao escapar ao nosso controle, revela nosso inconsciente marcado pelo racismo que incorporamos. Mas era inevitável que escapasse. E naquele momento também era difícil para mim reconhecer que incorporava o racismo, por viver em uma sociedade racista.

As estudantes negras eram as que mais apresentavam demandas de fala e suas vozes em geral dominavam o ambiente, falando de si próprias na primeira pessoa do plural, um "nós" que muitas delas estavam construindo em outros espaços de ativismo e de pesquisa. Logo no primeiro dia de aula, vimos um pequeno vídeo de Grada Kilomba e discutimos um texto da autora (Kilomba, 2019), no qual a artista e intelectual afro-portuguesa usa a metáfora da máscara de ferro da escravidão para se referir às formas de silenciamento negro da contemporaneidade. "Quando a gente tira a máscara, a gente incomoda", disse Izabel Accioly, uma das estudantes negras que participaram deste primeiro curso. Em uma das primeiras aulas, Izabel falou sobre os diversos adjetivos com os quais as negras são atacadas quando começam a se expressar no mundo dos brancos. Eu a convidei a escrever estes adjetivos no quadro. "Raivosa", "agressiva" e "atrevida" foram alguns deles.

Como um dos resultados da intensidade de aprendizados vivenciados nesta primeira edição do curso, convidei Izabel a escrevermos juntas um artigo autoetnográfico colaborativo (Mattos e Accioly, 2021). Nele, refletimos sobre "incidentes críticos" de nossas autobiografias de modo paralelo, o que nos ajudou a compreender as diferenças em processos de racialização impressos diferentemente em nossos corpos e afetos, processos que fizeram com que Izabel se tornasse negra e eu me tornasse branca no contexto brasileiro. Além disso, refletimos sobre o que chamamos de "antirracismo de fachada" no Brasil contemporâneo, em um chamado ético e político para a responsabilização de brancos/as que se pretendem aliados/as nas lutas antirracistas. A elaboração deste conceito conjuntamente com Izabel é uma mostra do potencial que tem a reflexão autobiográfica honesta e visceral como instrumento para o engajamento no enfrentamento ao racismo.

Na segunda edição, em plena pandemia de covid-19, o curso foi realizado on-line, com encontros uma vez por semana, via plataforma Google Meet, no segundo semestre de 2021. O uso da tecnologia, aliada ao contexto pandêmico, acabou oportunizando a inclusão de estudantes de diferentes universidades do Brasil e de diversas áreas de pesquisa que souberam da oferta do curso por meio das redes sociais digitais. Com isso, tive estudantes de universidades de Norte a Sul do País, de áreas de pesquisa que compreendiam sociologia, antropologia, psicologia, arquitetura e urbanismo, meio ambiente e ciências da saúde.

Embora com as vantagens do uso da tecnologia, o fato de termos encontros mais curtos (de duas horas semanais, enquanto na edição presencial duravam toda a manhã a cada sexta-feira), nos quais nos víamos somente por telas de computador e celular, além de alguns/as estudantes nem sempre se deixarem ver, não favoreceu que conquistássemos a confiança necessária para que os ensaios fossem compartilhados com a turma, ideia que estava prevista na proposta inicial que elaborei para o curso.

Os estudantes confessaram ter se sentido mais à vontade quando eu disse que eles não precisariam compartilhar seus textos com a turma, prevendo situações de tensão que poderiam advir disso. Porém, ao terminar as leituras dos ensaios, os quais li emocionada com a visceralidade com que os escreveram, sugeri a eles a publicação na forma da coletânea que compõe este livro. Surpreendentemente, a maioria concordou em publicar, mesmo sabendo da coragem e do desprendimento que muitas vezes essa divulgação implica. Desse modo, a proposta de letramento racial assumiu uma escala mais ampla, que extrapola a sala de aula e possibilita leituras e identificações que favoreçam aprendizagens para os leitores.

COMPARTILHANDO ENSAIOS AUTOBIOGRÁFICOS

Na primeira turma do curso "Racismo e Branquitude", além de planejar comigo o programa e sugerir a metodologia de ensaios autobiográficos, Ana Ramos-Zayas esteve em Fortaleza para ministrar aulas para os estudantes durante uma semana, em maio de 2019. A ideia era apresentar e discutir com a turma o seu livro, então ainda no prelo, *Parenting Empires. Class, Whiteness and the Moral Economy of Privilege in Latin America* (2020). A leitura do rico trabalho etnográfico da autora e a oportunidade de debater os achados da pesquisa com ela própria produziu um processo de identificação desafiador para os/as estudantes brancos/as da turma, pois a elite branca que Ana descreve faz parte de um certo campo progressista composto por pessoas que se veem como "espiritualizadas", "simples", "despojadas" – um *ethos* com o qual muitos de nós nos reconhecemos. A branquitude começava, então, a ser entendida não como "o outro racista", mas como parte de quem somos nós mesmos/as, o que envolveu uma dolorosa descoberta de nossa cumplicidade com a estrutura racista.

Além do livro de Ana Ramos-Zayas, a leitura das pioneiras nos estudos sobre branquitude no Brasil – Cida Bento (2002), Edith Piza (2002) e Lia Vainer Schucman (2012) – sensibilizou os/as alunos/as para esse debate. Mas o ponto de virada para uma compreensão ainda mais visceral das formas como incorporamos a branquitude foi o compartilhamento dos ensaios autobiográficos dos/as estudantes com o resto da turma.

As experiências de Ana com a didática dos ensaios autobiográficos não eram especificamente voltadas para o letramento racial. Além disso, minha colega não solicitava que os alunos compartilhassem os ensaios com o restante da turma. Diferentemente do que Ana fazia, pedi aos meus estudantes que lessem seus ensaios, ou partes dele, para toda a turma, deixando-os à vontade para revelarem somente o que se sentissem confortáveis.

Intuía que essa prática poderia ser um instrumento potente para que eles entendessem o significado de raça de modo mais profundo, percebendo a diferença de perspectivas entre pessoas de grupos raciais diferentes. No entanto, a turma foi bem mais longe do que eu esperava e compartilhou memórias viscerais, envolvendo vivências raciais profundamente traumáticas ou inconscientemente armazenadas, as quais naquele momento ganhavam significado enquanto violências do racismo. A cada leitura, ampliava-se a carga emocional e as tensões ficavam no ar. Por difícil que tenha sido para todos/as nós, o impacto deste compartilhamento acabou possibilitando a virada de chave do curso.

"Foi uma catarse", como expressou um dos alunos negros, Marcus Giovani Moreira, então doutorando em sociologia pelo PPGS-UFC. "As aulas foram catárticas, porque as pessoas narravam os preconceitos que sofreram, e os brancos narravam os privilégios que tinham" (Marcus Giovani Moreira, advogado e então doutorando em sociologia pela UFC, entrevista concedida em dezembro de 2019). Um aluno branco da turma, também doutorando em sociologia, analisou:

> Tínhamos acabado de ler os textos de Edith Piza, Maria Aparecida Bento e Lia Schucman. A branquitude como pacto narcísico para manter privilégios. A branquitude se defendendo nas relações de classe e afetivas. A branquitude que reconhece a existência do racismo, mas não se vê como racista, afinal, tem todo carinho por suas empregadas com quem brincava quando criança. Foi aí que percebi que não era tão diferente dos interlocutores nas pesquisas sobre a branquitude (Doutorando em sociologia, branco. Depoimento por escrito, 2019).

Izabel Accioly, em entrevista após o fim do semestre, descreveu o curso como muito "denso, pesado", e "certamente foi o que eu frequentei em toda a minha vida que mais me transformou". Em suas palavras:

> Como mulher negra, eu me interessava muito pelo racismo, pela negritude, mas nunca tinha invertido o espelho. Porque era isso: estávamos sempre olhando um para o outro e pensando em nós mesmos como negros, como pessoas de cor. Mas eu nunca tinha pensado, eu nunca tinha estudado os brancos em profundidade como indivíduos racializados. Pois sim, eles são (Izabel Accioly, mestre em antropologia, UFSCar. Entrevista concedida em 2019).

O impacto causado pelos depoimentos e as situações de tensão vivenciadas na turma a partir destes, fizeram com que alguns confessassem, ao final do curso, que tiveram que levar seu processo de se reconhecer brancos/as para sessões de psicoterapia. Se, antes, a consciência de sua branquitude não era algo reconhecido e elaborado, as leituras e compartilhamentos de ensaios autobiográficos os/as levaram a um processo de desconstrução de suas identidades e posicionalidades na estrutura social. As descobertas de si próprios/as como seres racializados/as se interligavam com a reflexão sobre as opressões vividas em termos de gênero, sexualidade, classe e posições de poder.

O então doutorando em sociologia, Thiago de Castro, assim descreveu o impacto que a experiência teve sobre ele:

> O curso me tocou profundamente desde o primeiro dia até o último. Pela metodologia utilizada, trabalhamos muito com nossas memórias, com nossas experiências individuais, então, de alguma forma, me senti objeto de estudo, pois estava constantemente me analisando, analisando minhas experiências, e tudo o que havia vivido até então. O impacto foi enorme. Não posso nem dizer que sou a mesma pessoa que era quando entrei. Em nenhum momento senti que estávamos estudando teoria de uma forma não relacionada à nossa experiência. Pelo contrário, é como se, para acessar a teoria, tivéssemos que fazer constantemente essa conexão com nossa própria experiência (Thiago de Castro, doutorando em sociologia, UFC. Entrevista concedida em 2019).

Para Rachel Damico, também cursando doutorado em sociologia, ouvir os relatos das mulheres negras do grupo lhe permitiu compreender de forma mais profunda o sofrimento do racismo introjetado na subjetividade das pessoas negras. Ela relata que essas narrativas a fizeram compreender a experiência de solidão que ex-namoradas negras lhe contaram. Ela também passou a "ver" seus privilégios visceralmente – o maior deles foi poder, como mulher branca, "editar sua própria história". Rachel passou a perceber a raça como a característica definidora mais importante na estrutura social, mais do que a classe em si ou seu status de gênero e sexualidade. Mesmo tendo vivenciado situações de violência por ser lésbica e ter vivido em uma condição de pobreza, sendo branca, ela poderia omitir sua identidade como LGBTQIA+ ou condição socioeconômica, mas uma pessoa negra não pode esconder que é negra, mesmo que busque "vestir-se bem, usar um relógio chique", como disse Marcus Giovanni em certo momento em sala de aula, "ele continua sendo alvo de racismo". Para Rachel:

A raça vem em primeiro lugar. Em primeiro lugar. E eu sei o que é sofrer homofobia, tenho cicatrizes. Mas a raça vem em primeiro lugar. Todo o resto é negociado, editado. Mas quando já está impresso, quando você nasceu com ele impresso em você, você não o edita. Você pode se vestir melhor, mas já está estampado. Para mim, não está escrito. Ou melhor, está escrito como branca. Se alguém olhar para mim, sou elite. Isso é obviamente muito vantajoso (Rachel Damico, doutoranda em sociologia, UFC. Entrevista concedida em 2019).

CONCLUSÕES

O convite para elaborar suas autobiografias em termos racializados e ouvir as histórias de vida de outros com o mesmo teor, tirou os alunos do campo teórico e os trouxe para um envolvimento pessoal e visceral. Como muitos autores que têm trabalhado com autobiografias em sala de aula apontam, estimular nossos alunos a articular suas experiências pessoais com a cultura, nomeando-as em novas linguagens, tem um efeito empoderador e libertador (Davenport, 1994).

No entanto, como Izabel pontuou ainda em sala de aula, no caso do curso "Racismo e Branquitude", o efeito foi diferente para brancos/as e negros/as na turma. "Enquanto tornar-se negro é empoderador, tornar-se branco é desempoderador", notou ela. Essa constatação traz desafios no contexto de sala de aula para o avanço do processo de letramento racial. Uma vez que se percebem "desempoderados/as" e desestabilizados em suas identidades até então confortáveis, estudantes brancos/as podem apresentar aversão ou fuga do debate racial, o que de fato aconteceu, embora no nosso caso com uma minoria de alunos/as brancos/as, tanto na primeira quanto na segunda turma do curso.

Se, mesmo tendo sido expostos durante um semestre a toda uma literatura crítica sobre branquitude e racismo, alguns/as estudantes resistiram em avançar nos seus processos de se reconhecerem brancos/as com todas as implicações e responsabilidades que isso traz, o que esperar dos resultados deste debate no âmbito da esfera pública mais ampla?

Mesmo tendo hoje um impacto bem maior na sociedade brasileira do que até o final do século XX, o debate atual sobre racismo e branquitude não deve nos iludir quanto ao efeito limitado que ainda tem sobre as elites na nossa sociedade. Muitos/as brancos/as ainda se colocam como vítimas ao serem confrontados/as com seu próprio racismo e se recusam veementemente a assumir as consequências do seu próprio racismo, tanto do que reproduz, quanto do que herda, continuando a acessar o mito de que "somos todos iguais" e, na prática, trabalhando de modo consistente para reforçar hierarquias e privilégios de raça e classe.

Conseguimos, no entanto, mudar perspectivas com nossa experiência de letramento racial nas duas primeiras turmas do curso "Racismo e Branquitude". Ao adotarmos em sala de aula a metodologia de convidar nossos/as estudantes a escrever suas histórias de vida de modo racializado, especialmente quando estes/as puderam escutar as narrativas uns/umas dos/as outros/as – ainda que a vivência na primeira turma tenha sido dolorosa e tensa –, foi possível contribuir para ampliar a percepção de como os sistemas de poder articulam restrições culturais e sociais, compõem linguagens de si e nos posicionam no mundo, em uma "pedagogia reflexiva do encontro" (Zuss, 1995).

Ao propormos aos/às estudantes trabalharem com as narrativas de suas experiências pessoais, pudemos fazê-los/as perceber o quanto a subjetividade racial é socialmente construída e que "a sociedade pode ser vista 'dentro' de nós mesmos" (Ribbens, 1993, p. 81). Estimulados pela bibliografia sugerida, mas sobretudo pela escrita e pelo compartilhamento dos ensaios autobiográficos, pudemos perceber que houve grandes avanços no letramento racial dos/as estudantes no curso que ministramos. O curso fez com que estudantes brancos/as passassem a se implicar pessoalmente e expressar a sua consciência de responsabilidades com a questão racial, enquanto negros/as passaram a notar a importância de "virar o espelho" para examinar criticamente os/as perpetradores/as do racismo. Essa foi uma conclusão unânime das turmas ao avaliarem o curso no último dia de aula, tanto em 2019 quanto em 2021.

Com este livro, os/as estudantes da segunda edição do curso, que, diferentemente da primeira turma, não leram seus ensaios autobiográficos para os/as seus/as colegas em sala de aula, estão tendo a oportunidade agora de compartilhar suas "autobiografias racializadas" com um público leitor bem mais amplo. Dois dos participantes da edição de 2019, Rachel Damico e Thiago de Castro, também aceitaram o convite para participar, enriquecendo este trabalho. Espero que todas essas narrativas sejam lidas com muito respeito pela coragem que os/as autores/as tiveram de escrevê-las e publicá-las. Espero ainda que elas toquem profundamente o leitor, como me tocaram e me transformaram como professora, estimulando o meu próprio letramento racial e, consequentemente, o engajamento cada vez maior nas lutas contra o racismo na sociedade brasileira.

REFERÊNCIAS

ALEXANDER, Bryant. Performing Culture in the Classroom: An Instructional (auto) Ethnography". *Text and Performance Quarterly*, 19:4, p. 307-331, 1999.

BENTO, Maria Aparecida; CARONE, Iray. *Psicologia social do racismo:* estudos sobre branquitude e branqueamento no Brasil. Petrópolis, Rio de Janeiro, Vozes, 2002.

BERG, Ulla D.; RAMOS-ZAYA, Ana. Racializing affect: A Theoretical Proposition. *Current Anthropology*, v. 56, n. 5, p. 654-677, 2015.

BOUFOY-BASTICK, Beatrice. Auto-Interviewing, Auto-Ethnography and Critical Incident Methodology for Eliciting a Self-Conceptualized Worldview. *Forum Qualitative Social Research*, Vol. 5, n. 1, art. 37, 2004.

BOYLORN, Robin. From Here to There. How to Use (Auto) Ethnography to Bridge Difference. *International Review of Qualitative Research*, vol. 7, n. 3, Fall 2014, p. 312–326, 2014

CHANG, Heewon. *Autoethnography as Method*. Califórnia, Left Coast, 2008.

CHÁVEZ, Minerva. Autoethnography, a Chicana's Methodological Research Tool: The Role of Storytelling for Those Who Have No Choice but to do Critical Race Theory. *Equity & Excellence in Education*, 45:2, p. 334-348, 2012.

DAVENPORT, Randi. Speaking Up, Talking Back: The Autobiographical Subject in the College Writing Classroom. *CEA Critic*, FALL 1994, Vol. 57, No. 1, *Re-evaluating the Boundaries of Autobiography. A Special Issue of the "CEA Critic"* (Fall 1994), p. 89-97.

DENZIN, Norman. Performing [Auto] Ethnography Politically, *The Review of Education, Pedagogy & Cultural Studies*, 25:3, p. 257-278, 2003.

GUIMARÃES, A.; RIOS, F.; e SOTERO, E. Coletivos de negros e novas identidades raciais. *Novos Estudos CEBRAP*, São Paulo, v. 39, n. 2, p. 309-327, mai-ago 2020.

IBGE. INSTITUTO BRASILEIRO DE GEOGRAFIA E ESTATÍSTICA. Desigualdades sociais por cor ou raça no Brasil. Estudos e Pesquisas. *Informação Demográfica e Socioeconômica*. n. 41. Rio de Janeiro, IBGE, 2019.

KILOMBA, Grada. *Memórias da plantação*: episódios de racismo cotidiano. Rio de Janeiro: Editora Cobogó, 2019.

MATTOS, Geísa e ACCIOLY, Izabel. 'Tornar-se negra, tornar-se branca' e os riscos do 'antirracismo de fachada' no Brasil contemporâneo. *Latin American and Caribbean Ethnic Studies*. v.16, p.1 - 12, 2021

MELLO, Luiz. Ações afirmativas para pessoas negras na pós-graduação: ausências, propostas e disputas. *Argumentos*. Departamento de Ciências Sociais, Unimontes-MG, vol. 18, n. 1, p.94-126, jan./jun. 2021.

PINHEIRO, Daniel et al. O impacto das cotas no ensino superior: um balanço do desempenho dos cotistas nas universidades estaduais. *Revista Brasileira de Educação*, v. 26, 2021, p. 1-29.

PIZA, Edith. Porta de vidro: entrada para a branquitude. In: BENTO, Maria Aparecida & Iray Carone. *Psicologia social do racismo*. Estudos sobre branquitude e branqueamento no Brasil. Petrópolis, Vozes, 2002.

RAMOS-ZAYAS, Ana. *Parenting Empires*. Class, Whiteness and the Moral Economy of Privilege in Latin America. Durham, Londres, Duke University Press, 2020.

RIBBENS, Jane. Facts or Fictions? Aspects of the Use of Autobiographical Writing in Undergraduate Sociology. *Sociology*. v. 27. n. 1 p. 81-92, feb. 1993.

RODRIGUES, Vera; SITO, Luanda. "Eu, cientista?!" Trajetórias negras e ações afirmativas na UFRGS. *Revista da ABPN*. v. 11, ed. especial, Caderno Temático: Raça Negra e Educação 30 anos depois: e agora, do que mais precisamos falar?, p. 207-230, abr. 2019.

SCHUCMAN, Lia Vainer. *Entre o encardido, o branco e o branquíssimo:* raça, hierarquia e poder paulista na construção da branquitude paulistana. Tese de Doutorado. Universidade de São Paulo - USP, 2012.

SOVIK, Liv. *Aqui ninguém é branco*: hegemonia branca e mídia no Brasil, Rio de Janeiro, Aeroplano, 2009.

WARE, Vron. *Branquidade:* identidade branca e multiculturalismo. Rio de Janeiro, Garamond, 2004.

CAPÍTULO 1

Marcas do Racismo

PRETO SEMPRE CORREU NO CHÃO

Tamis Porfírio[3]

Eu sou de uma família negra, tanto por parte de pai quanto por parte de mãe. Minha família materna tem origem no Ceará, meu avô sempre fala de Lagoa do Ramo e Goiabeira, das comunidades quilombolas as quais nossa família pertence. Ele, Raimundo Porfírio, é um preto do estado onde dizem não haver pretos.

Quando diz que é nordestino, todo mundo acha que é baiano. Quando não diz nada, todo mundo acha que ele é baiano também. Ou africano, americano... Já levou até pedrada por ser preto demais. Hoje em dia, alguns passam por ele na rua e pedem "a bênção". Deve ser porque ele parece um Preto Velho. Já minha avó, Lourdes, era a "esposa do Porfírio". Mas pensa numa mulher que nunca mereceu ser reconhecida apenas por isso!

A família do meu pai é preta. Quando todo mundo se reúne, sempre tem alguém, da família mesmo, pra falar "ih! Balançou o bambuzal!". Gente de terreiro. Minha avó era mãe de santo e o terreiro era atrás da casa dela. Minha avó paterna, Cassilda, era uma mulher negra de pele muito clara. Já meu avô, Nabor, acho que ele se parecia com os homens velhos da Nigéria. Nesse lado da minha família, eles são fortes; inteligentes, apesar de cabeças-duras; têm pavio muito curto; sempre ajudam as pessoas que precisam; trabalham demais e eram unidos pela figura da minha avó que, quando morreu, há três anos, levou junto os laços da família.

Eu sou fruto de um casamento entre uma mulher e um homem negro. Silvana e Haroldo. Não deu certo. Minha mãe sempre quis ter uma filha, mas era estéril. Até que conseguiu: eu nasci. Parece milagre, né? Daqueles que te fazem ter a sensação de que se é algo especial, com uma missão única na Terra. Eu descobri logo que não seria assim que eu iria me sentir, pelo menos a maior parte da vida.

---

[3] Socióloga e doutoranda em Ciências Sociais pelo PPGCS/UFRRJ. Autora do livro: *A cor das empregadas: a invisibilidade racial no debate do trabalho doméstico remunerado* (Letramento; Temporada, 2021).

Eu fui uma criança muito magra, muito doente e muito pretinha (pelo menos pros meus padrões). Descobri logo que não era bonita também – só pros mais velhos, aqueles que são da família, e os conhecidos dos meus pais. Concluí isso quando minha mãe me levou para fazer um *book* e a agência de fotos me chamou (assim como chamou todas as crianças que fizeram fotos com eles naquele período) para participar do concurso que escolheria a melhor imagem; a menina mais bonita.

Eu, finalmente, estava me sentindo bonita e fiquei toda boba por terem me chamado pro concurso. Até eu chegar lá e descobrir que entre as finalistas não tinha sequer alguém que se parecesse minimamente comigo, só com aquelas que eu gostaria de parecer: meninas brancas, de cabelo liso e olhos claros. Fui pra casa chorando. Não aguentei nem ficar até o final do evento. Minha mãe se sentiu culpada por ter me deixado participar de algo assim. Aquela dor eu nunca vou esquecer! A dor do preterimento e da confirmação: você (e todo mundo que se parece com você) é feia. E ponto! É isso!

Beleza sempre foi muito importante pra mim, principalmente na infância e na adolescência. Eu sempre quis ser bonita, legal, popular e desejada. Consegui ser legal. Eu nunca tive muitos problemas em ser preta, sabe? Aliás, eu sempre soube que sou preta. Meu avô Raimundo me ensinou a não querer ser outra coisa. Mas eu não queria ser tão preta. Eu podia ser igual às minhas primas, cujos pais se casaram com mulheres brancas. Ter cabelo cacheado, ok. Mas precisa ser tanto? Já que é pra ser preta, onde estava meu corpo de mulata? Foi o que me prometeram!

Penso hoje que essa insegurança nunca foi minha. Eu não sou insegura. Me fizeram insegura! Toda vez que eu aprumava as asas, a branquitude me lembrava que eu não deveria ter asa nenhuma. Preto sempre correu no chão.

Eu tive vantagens que me fizeram chegar mais longe: casa, comida, família, alguma estabilidade, apoio. Mas isso não me tornou menos preta. Essas vantagens me levaram, por exemplo, até a universidade. E foi lá também que eu percebi que sim, eu podia estar lá, mas será que lá era o meu lugar? Ou eu só deveria passar por lá? A beleza não era o meu lugar e a intelectualidade também não. Inteligência, dedicação e criatividade sempre estiveram comigo, mas pera lá! Intelectual? Entrei na graduação achando que era apenas um meio de arrumar um emprego e de ter a estabilidade que meu pai sempre sonhou pra mim. Mas viver do pensar? Acho que não!

Eu não entrei na graduação de ciências sociais, no final dos meus 17 anos, querendo estudar trabalho doméstico remunerado, muito menos sob uma perspectiva de gênero e raça. Eu queria ser independente, racional, bonita e amada. Imagina! Estudar o tipo de trabalho que minha mãe mais fez – e pior, fez de graça! Trabalho doméstico e de cuidado pro meu pai, pros meus tios, meus avós, pra mim que, durante tanto tempo, me recusei a fazer. Porém, a universidade me reservava mais do que conhecimento técnico. Resultaria no meu reconhecimento enquanto mulher negra e a reconciliação com todas as mulheres negras de quem eu quis me distanciar.

Conforme eu me tornava uma mulher, tudo o que eu não queria ser era como as mulheres negras que estavam ao meu redor. Eu não queria ser oprimida num relacionamento amoroso. Não queria ser emocionalmente e fisicamente explorada. Não queria viver para o outro. Não queria ser dependente. Não queria ser deprimida.

Não queria parecer com nenhuma delas! E isso parece tão cruel. Com elas e comigo. Cruel porque durante muito tempo só consegui enxergar nelas o que eu não queria ser. Só a intelectualidade e o amadurecimento foram capazes de me fazer perceber que cresci rodeada de mulheres inspiradoras que deram tudo de si para sobreviver e para amar as pessoas.

Toda a opressão que elas viveram por serem mulheres negras não as definem. Elas foram vítimas, mas também foram cura. A minha mãe me salvou e só hoje eu entendo isso. Aceitar os nossos é se aceitar. Aprendi a amar minha negritude ao mesmo tempo que me reconheci intelectual.

Cabeça, corpo e coração fazem parte do que eu sou, eu não sou nem quero ser apenas um desses, como a branquitude patriarcal quer me reduzir. Ser uma mulher negra que foi sequestrada de casa, pra mim, é eterno despertencimento. Mas é por meio da intelectualidade, da busca pelo conhecimento sobre os meus e dessa estrutura que não nos comporta nem nos quer que encontro significado em estar aqui.

Eu sou o fruto de todos os que vieram antes de mim, mas também sou o ponteiro do meu próprio relógio. E sobre aquela história de milagre: eu acredito que o milagre do meu existir é romper com os ciclos opressores que assombraram a minha descendência. "Eu sou o sonho dos meus ancestrais". Dessa frase eu nunca, nunca vou me esquecer.

DENTRO DO MEU NOME CABEM O MAR E O AMAR

Tamara Lopes[4]

Por mais que eu pense, anote, leia toda a bibliografia de algum cânone do norte, eu jamais me verei. Não que a escrita precise ser um espelho, mas por que eu não posso me ver? Quem pode se ver? Quem pode falar? No cansaço dos meus passos, querem ver uma brancura. Entretanto, nada disso me cabe. Só gera insegurança e amargura. No cansaço dos meus passos, olho para o lado e vejo a leveza de quem flutua. Volto meu olhar para meus próprios pés e neles vejo nós. Amarras feitas de cordas firmes, amarras quase intransponíveis. Quase. Chego à conclusão que era eu também um ser flutuante. Signo de ar. E quem teve a ousadia de me prender também me deixou sem o manual de como sair daqui. Será que eu consigo me soltar?

Deito a cabeça no chão gelado do piso de cimento da casa de minha infância e escuto um murmurar desconhecido que vem de longe. Me aproximo com a cautela de quem aprendeu a sempre desconfiar. A voz rouca sabe meu nome: Tamara. E diz, com calma: "Dentro do seu nome cabem o mar e o amar. Você descobriu que flutua, é verdade. Quem te prendeu também tem essa capacidade, mas ele nem imagina o que você é capaz de fazer em solo firme. Quem vive no ar, não consegue caminhar nos mundos. Ele pensa que te limitou, mas só te deu a oportunidade de se adaptar às intempéries".

Mulher, negra, bissexual, moradora de periferia. Essas são algumas das identidades que atravessam meu corpo, meu cotidiano, minha trajetória de vida e que delimitam o "meu lugar na sociedade". Lugar este que é constantemente deslocado da ordem imposta e reafirmado por

---

[4] Mestranda em Comunicação no PPGCOM da Universidade Federal do Ceará, na linha 1 (Fotografia e Cinema). Jornalista, professora e fotógrafa. Formada em Comunicação Social com habilitação em Jornalismo (UFC) e pós-graduada em Cinema e Linguagem Audiovisual pela Universidade Estácio de Sá.

uma voz que é minha e ao mesmo tempo de todas as outras pessoas da mesma condição social que eu.

Cursei o ensino superior em comunicação social/jornalismo na Universidade Federal do Ceará (UFC), uma instituição pública, porém elitista e branca. O universo até então limitado desse espaço fez com que a brancura fosse a cor majoritária no meu curso, bem como em vários outros. Algumas pessoas da minha turma, por exemplo, andaram de ônibus pela primeira vez na vida em uma aula de campo para o jornal *O Povo*, em 2011. Nesse percurso acadêmico, só tive dois professores negros, sendo que nenhum deles abordava a temática racial em sala de aula, limitando suas disciplinas às técnicas e práticas jornalísticas. Tal postura pode dizer mais sobre a instituição do que sobre os próprios docentes.

Durante o curso, estruturei minha trajetória com base na construção de imagens, através da fotografia e do telejornalismo. Sou filha de professora e sempre acreditei que o jornalista também tem um papel de educador, pois apresenta informações para a população. E pelo uso de imagens o conhecimento pode ser adquirido de forma mais didática e dinâmica.

Como trabalho de conclusão de curso, produzi o documentário em curta-metragem *Percurso sem barreiras*, que conta um pouco sobre a vida de dois jovens do paradesporto cearense. Com uma linguagem simples e evitando discursos capacitistas, o documentário foi um marco na minha vida porque graças a ele a vontade de produzir mais conteúdos audiovisuais aumentou.

Trabalhei como jornalista, assessora de comunicação e enveredei para a fotografia. Fotógrafa, quando a maioria dos que estão ocupando galerias são homens brancos. No único museu dessa vertente artística em Fortaleza, não há sequer um fotógrafo negro em seu acervo. Pós-graduada em cinema e linguagem audiovisual, mais um espaço que ofusca as retinas de tanta "brancura". Uma das únicas jornalistas autodeclaradas negras na assessoria parlamentar da Assembleia Legislativa do Estado do Ceará (Alece) entre 2018 e 2019. Única professora negra de fotografia da Rede Cuca entre 2015 e 2018.

Viva. E num estado de sobrevivência que persiste em adentrar onde o "não" já é regra para corpos como o meu. Viva. E consciente que minha existência pode ser resistência e catapulta para que outros como eu possam alcançar seus objetivos. Tento ser referência para mim mesma porque não as tive em meu percurso pessoal; busco ser referência para outros, pois por muitas vezes me vi sendo a única e sei do peso que há nessa solidão e conheço a importância da representatividade.

Nasci negra e jamais modifiquei a cor da minha pele. Entretanto, não me reconhecia com essa identidade e a autoafirmação veio somente após terminar a faculdade. Sempre estive em ambientes embraquecedores e, para não incomodar e evitar transtornos, me calei diante de vários racismos cotidianos. Em 2014, fui morar em Brasília após conseguir um trabalho. Foram oito meses convivendo em uma terra diferente da minha, com uma cultura diferente e, imersa ao que era discrepante, conheci um pouco mais sobre mim mesma. Foi lá que eu vi pela primeira vez mulheres usando cabelo *black power* no cotidiano. Eu vi pela primeira vez que era possível alguém assumir o volume de seu cabelo sem isso ser motivo de vergonha.

Voltei em 2015, me mudei para Caucaia, cidade da Região Metropolitana de Fortaleza, e, em julho, comecei minha vida de professora no Cuca Barra, equipamento vinculado à Secretaria de Juventude da capital cearense e que promove gratuitamente cursos de cultura, arte e esportes para jovens de 15 a 29 anos da periferia. Em 2016, em parceria com a Secretaria Municipal de Educação, o espaço deu início ao projeto Integração, que ministrava aulas de artes e esportes aos alunos do nono ano na rede municipal de ensino. Comecei, então, a dar aulas de fotografia para alunos mais novos.

Na Rede Cuca, tive a oportunidade de ministrar vários cursos como fotografia básica, fotografia de moda, de eventos, de espetáculos, de esportes, publicitária, documental, fotojornalismo, além de dar algumas oficinas relacionadas à produção audiovisual.

Nos primeiros meses de trabalho, os cursos eram bastante técnicos e, aos poucos, fui deixando a minha marca nas aulas: todo curso tinha alguma temática social a ser abordada. O curso de moda, por exemplo, já abordou temas como moda, gênero, beleza negra e quebra de padrões estéticos. Em todos os cursos, falávamos sobre a capacidade narrativa das imagens e as consequências desses discursos. No término de alguns cursos, convidava professores e fotógrafos. Eles falavam um pouco sobre as vivências no mercado de trabalho e traziam um novo ponto de vista sobre os aspectos apresentados em sala de aula.

Entretanto, de todo esse período sendo professora de artes, o ponto mais relevante para meu crescimento pessoal era ver o quanto os alunos se sentiam bem para expressarem suas identidades em sala de aula, sem medo de preconceitos. A maior conquista era ouvir de uma aluna negra que ela começou a assumir os cachos porque via que a professora dela não tinha vergonha de usar o cabelo natural. Ou quando uma aluna branca falou que aprendeu muito sobre racismo e sobre a importância de se policiar quanto a isso nas minhas aulas. Ou quando o aluno que entrou no curso repleto de preconceitos, com vergonha de suas origens, agora é também fotógrafo e coloca como principal aspecto de seu trabalho as imagens do lugar onde vive.

Jovens, moradores de periferia, com vergonha de sua origem e a voz quase muda para afirmar seu território viram em uma mulher negra, também moradora da periferia, de cabelos altos como coroa, a possibilidade de construírem suas vidas por meio da arte. A única diferença entre a professora e seus estudantes é que ela aprendera os fundamentos do que leciona alguns anos antes que os pupilos. E essa devia ser a postura de qualquer professor: se colocar ao lado dos estudantes e não acima deles.

Em 2017, voltei a ser estudante. Fui selecionada para o curso de Fotografia Básica do Porto Iracema das Artes e tive ótimas aulas. Depois de muito tempo ajudando as pessoas a construírem seus projetos, a partir do ensino da técnica e do estudo de referências, eu pude finalmente fazer algo para mim. Nasceu o projeto "Não saia sem identidade", para o qual convidei pessoas negras a falarem sobre vivências pessoais, muitas entrelaçadas pelo violento racismo. Após a conversa, eu fiz retratos dessas pessoas. O figurino ficava por conta de cada entrevistado e a máxima era usar o que o deixasse mais confortável.

Apesar de não nos conhecermos tão bem, todos os entrevistados tiveram histórias em comum com a minha. Parecia que a minha história de vida fora multiplicada e vários outros atores estavam repetindo o mesmo texto. O mesmo triste texto da exclusão social, do menosprezo, do preconceito, apenas por ter um tom de pele mais escuro que os brancos. Esse projeto hoje ainda está vivo, com uma nova roupagem, mas sempre convidando pessoas negras para protagonizarem retratos que esboçam beleza e altivez.

Nesse mesmo período, comecei a me olhar mais no espelho. Enquanto o sujeito branco entende a própria beleza quase que espontaneamente, nós, pessoas negras, precisamos construir uma série de narrativas positivas que abarquem nossa importância no mundo. Por muito tempo, eu não me vi importante. Fugir da frente da lente da câmera era uma tentativa de não pensar muito sobre o quanto a estética branca do que seria "belo" não me contemplava. Existe uma frase da dramaturga Grace Passô que está riscada em meu corpo: "O medo é a véspera da coragem". E, como um manto, peguei a coragem e comecei a fazer trabalhos autobiográficos na fotografia. Realizei o ensaio *Chama*, que fala sobre meu processo de ressignificação do passado para a criação de uma nova estética de mim. Esse trabalho foi negado em vários editais, até que em 2020 foi selecionado no Painel da Fotografia Cearense.

Nessa linha cronológica tortuosa de autoafirmação, vivi uma experiência muito importante para a formação dessa mulher que sou hoje: em 2018, fui selecionada para participar do curso de Princípios Básicos em Teatro (CPBT) do Theatro José de Alencar. Durante esse processo de construção de personagem, nasceu "Josefa", uma idosa com trejitos cômicos. Não existia texto nem uma personagem estruturada. Apenas um corpo que interpretava uma idosa. Nos jogos de cena com colegas de turma, o racismo foi aparecendo aos poucos porque a personagem nasceu de uma intérprete negra e como tal também era vítima de racismo.

Não conclui o CPBT porque recebi o convite para trabalhar na assessoria de comunicação de uma parlamentar na Assembleia Legislativa do Estado do Ceará (Alece). Encerrei meu ciclo no Cuca e fui atrás de outro desafio. Foi uma mudança gigantesca: enquanto no Cuca a minha voz era o meu principal instrumento de trabalho, na Aleceela quase não era ouvida. A melhor parte do dia era pegar uma bicicleta e ir pedalando do trabalho até a avenida Bezerra de Menezes e pegar o ônibus para minha casa.

Passei no curso de Dramaturgia Feminina da Vila das Artes e comecei a escrever a história de "Josefa", que só foi apresentada pela primeira vez em 2019, na Cuia Mostra de Artes Cênicas. Nesse texto, mostro como seria a vida de uma mulher negra idosa, desgastada pelo tempo e pela violência, mas que ao mesmo tempo busca sobreviver com bom humor. Essa personagem traz aspectos da minha vivência pessoal, além de algumas histórias criadas na perspectiva de vida de mulheres negras. Na peça, eu abordo temas como a solidão da mulher negra, racismo, relações familiares, identidade de gênero e feminismo.

Em 2020, escrevi a performance *Você não dança*, apresentada na Mostra Arrabalde. Nela, também falo sobre a negritude, agora na perspectiva da mulher negra fora dos estereótipos aos quais somos subjugadas e que enfrenta dificuldades na dança, outro lugar onde o padrão branco é colocado como o belo e perfeito. É uma dança que mescla balé, samba e lambada, criticando por meio do riso as imposições estéticas atribuídas a cada um desses estilos.

Ao longo desses anos, meu estudo sobre negritude e sobre a importância da representação positiva de pessoas negras vem se aprimorando. Uso meu corpo como objeto de análise e meio de transmissão de mensagens sobre esses assuntos.

Com uma pandemia que acabou com a vida de mais de 700 mil brasileiros, retomei meu olhar para a fotografia, para o ensino e para as produções audiovisuais. Fui contemplada com o edital Cultura Dendicasa, da Secretaria de Cultura do Estado do Ceará (Secult) e pelo edital Arte Em Rede, da mesma instituição. No primeiro edital, fui aprovada com uma videoaula de fotografia para celular, na qual dou dicas técnicas e alguns tutoriais de imagens para fazer com a família na quarentena. No segundo, fui selecionada com o documentário *Rita*, um curta-metragem documental sobre a minha avó, que foi líder comunitária e carrega praticamente sozinha a história do bairro onde eu e minha família moramos.

Além disso, por meio da plataforma Instagram, promovi semanalmente encontros on-line com mulheres artistas visuais e fotógrafas para debater sobre as vivências da profissão. Intitulada "Fotografia: palavra feminina", a transmissão ao vivo acontecia todos os domingos, em formato de bate-papo e fazia com que mais pessoas tivessem acesso a conteúdos como produção técnica de imagem e enfrentamentos que as mulheres têm na área cultural.

Minha vida não se resume aos marcos profissionais que tive. Aliás, a vida de ninguém pode ser baseada nisso. Esse recorte do tempo-espaço aqui apresentado é um convite a mim mesma para revisitar sempre que houver dúvidas sobre minha capacidade. E, acredite, sempre existem dúvidas. A branquitude sempre estará preparada para questionar, barrar, encerrar, dilacerar, com o olhar de quem não fez nada, pois ela realmente acredita que seus atos são ilibados.

Eu vivo a minha negrura todos os dias. Eu enegreço os espaços nos quais habito e sempre será assim porque, mesmo cansada, permanecerei de pé. Essa caminhada por vezes parece solitária, mas existe um quilombo de afetos e memórias para me proteger. A voz que escuto em sonho e que não reconheço é de meu avô, um homem negro que não teve a oportunidade de conhecer nenhum desses passos que esboço aqui. Ele conheceu apenas a Tamara menina e se despediu dela quando a pequena tinha apenas quatro anos. É por ele e por tantos outros que vieram antes de mim e que não tiveram a mesma oportunidade que caminho com amarras nos pés. Aos poucos, elas afrouxam e fico livre para pequenos saltos. Por mais que me puxem de volta, caminharei nos dois mundos.

POR QUE TENTEI EMBRANQUECER

Mayra Bispo[5]

Nasci numa família inter-racial. Mãe branca e pai negro de pele escura. Mas meu processo de racialização não iniciou na infância. Foi na faculdade que entendi porque por muito tempo tentei embranquecer.

Sendo fruto de uma família da qual a parte materna é formada por pessoas brancas, com olhos claros e cabelos liso, e a paterna é composta por pessoas negras de pele escura, e como meus pais são separados, convivi a infância e boa parte da adolescência apenas com a parte materna, tendo até os dias atuais pouco contato com a família paterna. Dessa forma, tentei embranquecer para ser aceita, visto que minha avó materna nunca escondeu que não gostava de mim devido à cor da minha pele.

Assim, quando era criança, para tentar controlar meu cabelo crespo, minha mãe fazia tranças. Era uma tortura todo aquele processo. Na adolescência, passei a fazer o procedimento do alisamento e escova progressiva na tentativa de ser aceita pela família materna e para diminuir as ofensas na sala de aula.

Os ataques vinham inclusive de professores, que pediam à minha mãe que arrumasse meu cabelo, mas também partiam dos meus colegas, chamando meu cabelo de cabelo duro ou "cabelo de bombril". Tudo isso impactou minha autoestima e refletiu no processo de aceitação da minha identidade como mulher negra, visto que alisei meu cabelo durante 23 anos e até evitava tomar sol para não ficar mais preta.

Além disso, eu não aceitava ser chamada de negra. Falava para todo mundo que era morena. Lembro de um episódio na escola que uma colega me chamou de negra e naquela época achei um xingamento. Chorei, contei para uma amiga que, para tentar amenizar a situação, falou: "Você é uma morena escura, não negra", o que só me deixou mais chateada.

---

[5] Mestranda no Programa em Desenvolvimento Social pela Universidade Estadual de Montes Claros (Unimontes). Pesquisa gênero, raça e classe.

Nesse processo de tentar ser aceita pela família materna, visto que não tinha contato com a família paterna, veio a adolescência. Grande parte das minhas amizades na infância e adolescência eram meninas brancas, de cabelos lisos e com grande poder aquisitivo. Não tive o mesmo capital cultural que elas, visto que estudei na rede pública a vida toda, o que fragilizou o meu processo sobre a compreensão da questão da desigualdade no Brasil e também da questão racial.

Porém, quando entrei na universidade pública, em 2012, no curso de serviço social na Universidade Estadual de Montes Claros (Unimontes), em Minas Gerais, tive a oportunidade de participar de um grupo de estudos sobre relações raciais. Além disso, tive duas professoras pretas – Angela Ernestina Cardoso de Brito e Bárbara Terezinha Sepúlveda – fundamentais para meu processo de racialização. Elas foram importantes porque abordaram a temática racial dentro da sala de aula a partir de situações cotidianas, como por exemplo a presença de mulheres negras em ambientes de maioria branca, como a universidade.

Assim, a partir do contato com essas professoras e observando a forma como as mesmas se afirmavam e das discussões e reflexões levadas por elas, foi possível iniciar meu processo de racialização e compreender que o processo de branqueamento foi uma política imposta pelo Estado brasileiro a partir da chegada dos imigrantes europeus, e como o poder público deu subsídios para essa população se manter.

Como escreveu Lélia Gonzalez, "a gente não nasce negro, se torna negro. É uma conquista dura, cruel e que se desenvolve pela vida da gente afora" (2020, p.269). Durante 23 anos, me enxergava morena, não aceitava meu cabelo crespo, o tom da minha pele, os traços do meu rosto. Mas quando tive acesso a leituras de textos escritos por Florestan Fernandes, Octavio Ianni e da própria Lélia Gonzalez consegui compreender por que tentei embranquecer.

Tenho, atualmente, pouco contato com minha família paterna. Devido ao distanciamento na infância e adolescência, a reaproximação é lenta. Acredito ser válido expor que mesmo com esse pouco contato sempre tive curiosidade de conhecer um pouco sobre a história da minha avó Maria Aparecida Bispo que, na década de 1980, foi eleita primeira vereadora negra de Montes Claros, em Minas Gerais. Até hoje, a única preta a ocupar cadeira na Câmara Municipal.

Por causa dessa curiosidade e também do orgulho, minha pesquisa de mestrado é sobre a mulher negra na política daquele município.

Assim, além de questões intelectuais para estudar a mulher preta e a política e, em decorrência disso, conquistar um título de mestra, meu estudo tem também razão afetiva.

Já em relação à minha avó materna, não tenho contato nenhum há alguns anos. Depois de adulta e ao compreender a rejeição dela, percebi que o melhor era me afastar. Assim, a Mayra de hoje se afirma como uma mulher preta com muitos traumas. Em processo de desconstrução e aceitação.

REFERÊNCIAS

GONZALEZ, Lélia. A categoria político-cultural de Amefricanidade. RIOS, Flavia; LIMA, Márcia (org.). In: *Por um feminismo afro-latino-americano:* ensaios, intervenções e diálogos. Rio de Janeiro, Zahar, 2020.

DEPOIS DOS 30

Bruno de Castro[6]

Meu começo é pelo meio. Aos 32. Não posso dizer que nasci me sabendo negro porque a verdade é que precisei de três décadas para enxergar minha negritude. Até então, toda experiência racializada eu havia vivido de forma reativa. Por instinto. Pelo entendimento, edificado em casa, de o direito a ter direitos ser de todos, inclusive meu. Mas nunca pela consciência de a cor da minha pele ser um marcador social tão determinante. Tampouco por compreender como o racismo estrutura sociedades e relações, muito embora ele tenha me atravessado explicitamente em inúmeros episódios e eu, justo por não me ver negro, atribui a violência (simbólica e física, até) ao acaso.

Me fecundei preto em meio a um curso de extensão promovido pelo Sindicato dos Jornalistas no Ceará (Sindjorce) sobre comunicação e igualdade racial em 2018. E fui dado à sombra[7] após cinco meses de uma gestação reveladora. Aulas, palestras, seminários, descobrimentos, leituras, análises críticas, autocríticas, debates, mais descobrimentos e, ao fim, a elaboração de um produto antirracista. Um exercício que resultou na criação de uma mídia negra, o portal de notícias *Ceará Criolo*, também estruturado como um coletivo de comunicadores. Em ambas as frentes, a proposta era/é colaborar com a desconstrução das narrativas hegemônicas (e racistas) das empresas de comunicação sobre o povo preto, além da promoção de uma agenda positiva em torno da construção identitária da etnia, quase sempre associada a signos negativos.

---

[6] Mestre em antropologia (UFC/Unilab). Especialista em escrita literária (FBUni). Graduado em comunicação social/Jornalismo (UniGrande). Membro do Núcleo de Estudos em Raça e Interseccionalidades (Neri/UFC), e cofundador do portal/coletivo *Ceará Criolo*. Finalista do Prêmio Jabuti de Literatura 2020.

[7] A expressão correta, como sabemos, é "dar à luz". Como pessoa negra, proponho a expressão "dar à sombra" para ressignificar o fato de que somente a luz, o claro, é algo bom. Trata-se de uma licença poética para reforçar a negritude.

A formação me apresentou a falas contundentes da professora Sueli Carneiro sobre feminismo negro e colorismo, e às teorias do professor Silvio Almeida sobre racismo estrutural. E me abriu à leitura de escritos de/sobre Angela Davis, Abdias Nascimento, Lélia Gonzalez, Maria Firmina dos Reis, Maya Angelou, bell hooks, Audre Lorde, Carla Akotirene, Carolina Maria de Jesus, Djamila Ribeiro, Milton Santos, Toni Morrison, Reni Eddo-Lodge, Kabengele Munanga, Conceição Evaristo e tantos outros. Figuras fundamentais para a negritude. Mas, para mim, completamente desconhecidas até então.

Em maior ou menor proporção, tudo o que li desses autores e sobre esses autores despertou em mim o interesse de me aprofundar na minha identidade e conhecer mais sobre as negritudes, seus universos e possibilidades. Tanto para produzir conteúdos consistentes destinados ao portal e às redes sociais do *Ceará Criolo* quanto para aumentar referências pessoais relativas ao tema e a mim, o que me fez revisitar e ressignificar memórias até então cristalizadas com algum afeto ou ingenuidade decorrente da ignorância racial e das incontáveis referências do universo de pessoas brancas acumuladas, até ali, em 32 anos de vida.

Posso dizer, então, que meu letramento racial vem se aperfeiçoando desde 2018. Começou na esfera privada e entrou na esfera pública quando o domínio www.cearacriolo.com.br foi ao ar, no fim de outubro daquele ano, como plataforma de produção de conteúdo on-line. Um jornalismo independente, politizado, presente nos principais espaços de ciberativismo e que me permitiu conhecer outros coletivos produtores de conteúdo similar e compreender os processos comunicacionais a partir de uma nova perspectiva. O prisma do racismo.

As atividades do portal me elucidaram o quanto os processos educacionais foram determinantes na minha trajetória. Sem eles, eu teria tido acesso a bem menos oportunidades. Poderia sequer ter tido assegurado o direito à vida, banalmente violado entre indivíduos negros, em especial homens – o alvo preferencial da violência urbana e institucional, ambas sustentadas pela lógica do racismo estrutural.

Percebi que desde a infância foi a escola (e, *a posteriori*, a universidade) um espaço necessário para eu ter alguma chance de sucesso numa sociedade eurocentrada e antinegra como a brasileira. Ou, para agravar o cenário e regionalizar o debate, numa sociedade como a cearense – cujo propósito é historicamente relativizar a importância do povo negro ou mesmo apagar a existência dele na composição do brasileiro.

Cruzei toda a minha idade escolar e juventude sem a consciência de ser um homem negro. Moro em periferia, mas o entendimento dos meus pais sobre a necessidade de eu ter uma boa educação me levou a estar em escolas/faculdades particulares. Brancas, portanto. Esses locais (in)conscientemente me (auto)embranqueceram e não permitiram que eu notasse minha negritude nem ao cursar disciplinas de sociologia, filosofia, psicologia ou história.

Enquanto eu demorei a maturar para a negritude, meus amigos de infância negros que dividiam o céu da periferia comigo foram vítimas precoces da lógica perversa e excludente do racismo. Os que conseguiram caminhar, por óbvio. Porque alguns tombaram cedo. Foram tombados, diga-se a verdade. Ou acabaram presos e nunca mais tornaram ao que eram. Desviaram-se num caminho sem volta. E diferente do meu.

Notei traços negroides meus noutras pessoas e consegui identificar semelhanças para além da cor da pele, da grossura dos lábios e da espessura do nariz, para citar algumas das características do meu povo, somente depois de descobrir indivíduos negros na produção de conhecimento e na literatura. Duas áreas que jamais imaginei como capazes de eu ocupar porque a vida inteira todos os meus referenciais nelas foram brancos. O escritor era branco (inclusive o preto de Machado de Assis), o protagonista da história era branco, a perspectiva da narrativa era branca, a personagem com poder era branca... E ninguém havia me dito que eu podia ser aquilo tudo.

Eu sabia que o escuro de minha pele era diferente da tez clara da colega de sala, por mais que me "sentisse parte" dos locais brancos que frequentava. Mas era um conhecimento intuitivo, biologizante, não por consciência racial. Entender que sou negro me condicionou a decifrar o mundo por esse olhar. A treinar esse olhar. E a questionar esse mesmo mundo a partir do meu lugar de homem de cor, especialmente no jornalismo, meu campo de atuação e que tem sido alvo de tantos ataques e questionamentos mesmo sendo inegavelmente um dos pilares fundamentais à existência e manutenção dos sistemas democráticos.

É impossível olhar para produtos comunicacionais hoje e não os interpretar pela ótica antirracista. Tornou-se algo para além do "quantos negros há nesta propaganda?" ou "esse termo é politicamente incorreto". A tentativa é sempre enxergar as construções subjetivas que impactam diretamente no imaginário coletivo sobre a negritude e na figura que temos de nós mesmos enquanto indivíduos negros pertencentes a esse imaginário, e, na prática, promover o contradiscurso com o meu instrumento maior de trabalho: a palavra.

O mestrado que curso hoje dialoga com o momento da minha negritude. Primeiro por ser um espaço que desejo ocupar há algum tempo e não sentia conexão com o que eu vivia. Sinto isso agora. E ocupo-o como forma de ampliação das representatividades, por óbvio, já que ações afirmativas existem para isso e são necessárias por isso, mas também como parte de um projeto pessoal de reverência à docência. Quero ser professor.

Além disso, pesa a possibilidade de trabalhar com epistemologias fora do eixo eurocêntrico e diametralmente opostas às que me foram apresentadas na graduação em jornalismo e nas pós-graduações que cursei entre 2008 e 2019, quais sejam: Comunicação e Jornalismo Político, na Universidade de Fortaleza (Unifor); Comunicação e Marketing em Mídias Digitais, na Estácio; e Escrita Literária, no Centro Universitário Farias Brito (FBUni).

Agora, estudando o ciberativismo da mídia negra brasileira na desconstrução do mito da democracia racial em narrativas comunicacionais, penso ser importante trabalhar referências negras, distantes do pensamento europeu (branco). Produzir conteúdo jornalístico e opinativo para o *Ceará Criolo*, fazer militância digital em prol do antirracismo e integrar mesas de debates em instituições de ensino como membro de um coletivo de comunicação antirracista não abarcam mais meu desejo de contribuir com a causa. Minha racialização é da dimensão de expandir as frentes de atuação.

Penso ser possível porque há disposição para a construção de uma narrativa minha e pública, a partir de minha consciência negra, no sentido de reforçar o dever moral de empresas de comunicação revisarem procedimentos e linhas editoriais no que diz respeito à população negra. Para o Ceará, penso, isso seria ainda mais simbólico diante do fato de a presença e importância do negro para a formação social do povo ser historicamente diminuída ou mesmo negada, inclusive pelo argumento cientificista.

Grandes jornais e emissoras de televisão têm parcela significativa de responsabilidade nesse processo, já que pertencem a grupos político-econômicos poderosos de homens brancos, heterossexuais e cristãos com nenhum interesse ou compromisso social para mudar a lógica racista de estruturação da sociedade, pois dela são os principais beneficiados.

Como homem negro de periferia, atestei a branquitude opressora das principais redações jornalísticas do Ceará durante os dez anos nos quais atuei como repórter (primeiro de política, onde negros não figuram nem como profissionais da palavra nem como detentores de mandatos eletivos; e depois na cobertura da segurança pública, editoria na qual negros são diariamente retratados como bandidos, cadáveres ou indivíduos de alta periculosidade). Isso se soma à irrisória quantidade de negros e negras nas bancadas de produção de conteúdo, mesmo nas funções mais basilares da cadeia produtiva.

Quanto maior o cargo, menor a quantidade de negros e negras ocupando-o. Fiz parte de equipes compostas por 35 pessoas nas quais somente eu e outros dois colegas, nenhum de nós racializados à época, éramos negros. Isso é sintomático para a minha trajetória particular, mas também para a historiografia jornalística do Ceará, cujas redações são, em maioria, brancas, femininas, heterossexuais e de classe média alta.

Me entendo hoje como alguém que elabora conhecimentos e se implica na obrigação de arrancar essa problemática da superficialidade do debate. A agenda pública sobre relações raciais, sobretudo na comunicação, precisa alcançar patamar mais elevado, de respaldo de pesquisa científica para referenciar cada vez mais estudos, hoje ainda tão incipientes. A possibilidade de extinção das políticas afirmativas exige de nós, e também de mim, posicionamento.

Temos diante de todos um cenário político que requer a ocupação do máximo de lugares que pudermos ocupar e a defesa irrefutável da permanência desse que é um mecanismo essencial à mudança do *status quo* pró-branquitude tanto no ambiente acadêmico quanto na vida em sociedade.

QUE O SILÊNCIO NÃO ME CALE, QUE A SOLIDÃO NÃO ME PARALISE

Luciana Lindenmeyer[8]

Começo este ensaio fazendo uma profunda reflexão sobre o que sou hoje e o que me fez chegar aqui. Até a dificuldade de colocar no papel o que penso, o que sinto e o que desejo tem raízes no racismo que estrutura nossa sociedade.

A vida das mulheres negras é repleta de desafios e complexidades. A minha não foi diferente. Pensando na minha longa trajetória como "morena", minha racialização é como se tivesse ocorrido na prática, mas não de forma consciente.

Vários sinais de meninas negras que, hoje vejo, são comuns, como o alisamento do cabelo e o uso de pregadores no nariz para reduzir sua extensão no rosto, foram vivenciados por mim. No entanto, uma das coisas mais aprendidas por mim foi o silêncio. Não por falas, mas por observações dos gestos. Falar pouco sobre as coisas. Sobre sentimentos, então, nem pensar! Minha mãe era uma pessoa do fazer, do trabalhar, do "se esforçar para vencer."

Instigada a trazer perspectivas que me aproximaram da jornada do "tornar-me negra", volto ao momento de minha infância no qual uma pequena menina de pele não escura tem contato diário com a avó, uma negra de pele escura, e aprecia aquele contato. A relação com avós sempre é muito mágica. Mas qual não foi minha surpresa anos mais tarde, já na adolescência, quando falávamos de meninos e namoros e possi-

---

[8] Doutoranda em sociologia pela UFC. Mestra em Educação Profissional em Saúde (EPSJV). Graduada em serviço social (UFRJ) Especialista em Gestão de Recursos Humanos (UCM) e especialista em Informação Científica e Tecnológica em Saúde pela Fundação Oswaldo Cruz – Fiocruz (2007). Estuda gênero, violência contra a mulher e violência e saúde. Atua como analista de gestão em saúde da Fiocruz.

bilidades. Minha avó negra, casada pela segunda vez com um homem negro, me alerta sobre como eu deveria agir com relações. A frase "aqui não tem caldeirão pra cozinhar macaco" me soou muito feia, mas nunca problematizei qualquer aspecto desse pensamento e fala dela.

E, assim, essas atitudes, palavras e outros momentos duros, como o abuso que sofri na infância por meu avô materno, me feriram demais. Tanto que dos 17 aos 23 anos tentei suicídio cinco vezes. Não morri e sigo aqui para contar a história mais dolorosa e vitoriosa ao mesmo tempo.

Tive um longo relacionamento com aquele que viria a ser o pai de minha única filha: um homem negro, num relacionamento conturbado que hoje não consigo saber se tinha amor envolvido. Mas o fruto foi a melhor decisão de toda a minha vida.

Yasmin, uma menina negra, veio para me transformar. Para me dar um grande propósito na vida. Mas, ainda assim, eu reproduzi ações com ela decorrentes da minha falta de letramento racial. Alisei o cabelo da minha filha por alguns anos, ainda pequena, e não me posicionei de forma firme quando ela sofreu racismo numa escola construtivista e com pais super desconstruídos, que deveriam ter ouvido sobre esse câncer na sociedade.

Mesmo passando por experiências nas quais você sente na pele o racismo, muitas vezes você só vai entender isso mais tarde, depois de ter contato com literatura e pessoas que seguem esse caminho há muito tempo. E, depois desse contato, consegui perceber o que tinha de marcas para que minha avó agisse daquela forma.

Somente depois de sair do Sudeste para morar no Ceará, uma terra que nega a existência de negros, mesmo eles estando em toda a parte, eu me organizei política e afetivamente. Encontrei pelo caminho pretas que me inspiram todo dia a ser uma pessoa melhor e mais ativa na luta contra o racismo. Com elas, eu construí a Rede de Mulheres Negras do Ceará, da qual sou uma das integrantes da coordenação.

Nos reunimos, inicialmente, com foco na participação no Encontro Nacional de Mulheres Negras, mas posteriormente floresceu uma vontade maior, de se sentir aquilombada, cuidando umas das outras, vivenciando um afeto nunca antes sentido e se fortalecendo a cada vivência e cada gesto que nos mostrava que não estávamos sozinhas. Assim, me senti fortalecida para tentar o doutorado no primeiro edital de ações afirmativas do Programa de Pós-Graduação em Sociologia da Universidade Federal do Ceará (PPGS/UFC).

Estar como uma mulher negra, primeira doutoranda do PPGS pelas ações afirmativas, me faz ter orgulho de ter feito escolhas na minha vida. Escolhas que se relacionam com alguns mitos.

Nossa sociedade nos fez acreditar em mitos que carregamos durante toda a vida. O mito de que o negro é inferior, de que nossos cabelos são ruins, de que podemos aguentar tudo...

A partir disso, fui me constituindo com vários mitos construídos em minha vida. O mito da meritocracia, de que somente com meus esforços individuais eu conseguiria alcançar objetivos; o mito da força sobrenatural que devemos ter, de que tudo suportamos; o mito de que pedir ajuda é sinal de fraqueza; o mito da democracia racial; o mito de que vivemos numa sociedade democrática.

Mas então lembro do lema de uma poderosa mobilização do movimento negro: "Com racismo, não há democracia". E, assim, sigo aprendendo com pessoas que entendem o racismo estrutural que funda nossa sociedade.

Tudo que vivenciamos como pessoas negras nos deixa marcas. Quando lembro de tudo que ouvi de minha avó, meus pais (pai branco e mãe preta), de prima racista que não consegue sequer esconder sua face, de situações experimentadas no trabalho e na escola... Tudo isso tem uma causa: o colonialismo e a herança maldita, como Aza Njeri coloca, que vivemos numa "desgraça coletiva."

De tudo, o que nos salva são os afetos. São os sorrisos e a diferença que fazemos umas nas vidas das outras. Hoje, me sinto orgulhosa do que conquistei, mas já me senti privilegiada em alguns momentos da minha vida por ter chegado a um lugar de trabalhadora, com um vínculo de servidora pública, mais estável do que a maioria da população brasileira, e muito inacessível para a população negra.

Assim, me considero em permanente desconstrução de tudo que aprendi a vida toda. Nos últimos cinco, seis anos me foi permitido entrar em contato com uma outra perspectiva. E considero que minha trajetória de mulher nascida no Sudeste, que optou por mudar para o Nordeste, me trouxe um crescimento e um aprendizado que jamais vou conseguir mensurar.

Me aproximar de mulheres negras potentes, que vieram antes de mim nessa trajetória, muitas delas mais novas que eu de idade – na filosofia africana os mais jovens têm uma importância fundamental –, tudo isso gerou a mulher que sou.

Termino esse ensaio descrevendo uma biografia do que considero um profundo avanço na perspectiva de conseguir colocar em palavras tudo de mais relevante que já consegui ser e sentir na vida.

Sou Luciana Lindenmeyer, tenho 46 anos e sou nascida na zona norte do Rio de Janeiro, fruto de uma relação inter-racial. Minha trajetória escolar foi na rede particular e o contato com o racismo veio cedo, mas sempre busquei me esquivar dele com as alternativas que se apresentavam. Fui representante de turma para me colocar em espaços que de alguma forma seriam inacessíveis sem aquele "título."

Desde muito cedo, tive desejo de ser mãe de mais de uma filha, mas também aprendi que a maternagem pode vir de várias formas. Fui mãe de Yasmin aos 25 anos e essa experiência mudou minha forma de estar no mundo. As outras formas de maternagem se deram com minha sobrinha, oito meses mais nova do que Yasmin, e com a irmã por parte de pai de minha filha, que sempre teve uma proximidade familiar e de convivência conosco.

Formada em serviço social pela Universidade Federal do Rio de Janeiro (UFRJ), também tive desde muito cedo o desejo de buscar autonomia e independência para seguir com a vida como considerasse melhor. E os caminhos me levaram para trabalhos que ajudaram nesse objetivo, mas segui aproveitando as oportunidades que a vida e família me proporcionaram, até que, em 2002, fui aprovada para um concurso público federal na Fundação Oswaldo Cruz (Fiocruz).

Minha atuação na área de recursos humanos e gestão de pessoas foi sendo construída e a perspectiva de coletividade sempre esteve em meu DNA. Até que, em 2011, considerando o reconhecimento como liderança na área que atuava, me aproximei da gestão do sindicato e fui diretora de três gestões do Sindicato da Fiocruz. A busca pela luta coletiva e por movimentos que dessem vazão à minha utopia pela justiça social e por um mundo melhor foi sendo trabalhada na militância e no movimento sindical.

No entanto, também nesses espaços observava as opressões e um incômodo maior foi crescendo. Outras vivências negativas relacionadas ao trabalho foram afetando minha saúde até que, em 2015, resolvi realizar a maior mudança de minha vida. A remoção entre unidades, que envolvia a mudança do Rio de Janeiro para a unidade em estruturação no Ceará.

Com essa mudança de perspectiva, de tempo, de vida, consegui refletir sobre as lutas nas quais desejava estar. A luta sindical deixou de ser prioridade. Queria estar em espaços nos quais me sentisse mais pertencente e minha energia fosse colocada em questões que me movessem e brilhassem os olhos.

Me aproximei de mulheres negras para construir a participação no Encontro Nacional de Mulheres Negras em Goiânia e, depois, seguimos para a construção da Rede de Mulheres Negras do Ceará.

Essa aproximação me fez ter contato com pessoas, leituras, cursos e visões que até então me eram distantes. Nessa caminhada, senti o desejo de participar ativamente da construção, em 2020, de uma candidatura coletiva, de muitas mãos, mentes e corações. A candidatura foi bem sucedida e as três mulheres negras e periféricas foram eleitas como covereadoras em Fortaleza. A essa altura, já tinha ingressado no PPGS/UFC pelo primeiro edital de ações afirmativas.

Com os desafios da pandemia, mudei meu projeto inicial apresentado ao processo seletivo e atualmente venho me dedicando a estudar os mandatos coletivos, as mulheres negras na política e violência política sofrida por essas mulheres.

A solidão foi uma "companhia constante" em vários momentos e não consigo me lembrar um momento em que me senti verdadeiramente amada e respeitada com os homens, como em outras relações de amigos ou familiares que tive contato ao longo de minha vida.

Mas essa história segue sendo contada com desafios, tristeza, perdas, alegrias, afeto, mudança de comportamentos, processo terapêutico, derrotas, decepções, saudades, momentos de solidão, mas, acima de tudo, com um profundo esperançar. De dias melhores e menos dolorosos para a vida de minha filha e de muitos jovens, crianças. Sigo na luta por um hoje que possa ser bem vivido para vivenciar um amanhã de uma sociedade livre do racismo e das opressões que marcam a vida de mulheres negras.

O RACISMO NÃO DIZ DE NÓS, DIZ DOS BRANCOS

Anderson Lima[9]

Sobre minha cor, o que vem primeiro é o sol, a água e o sal das margens do rio Ceará em seu encontro com o oceano. Logo após, o mangue, a praia, as travessias por baixo e por cima da ponte da Barra e as salinas do Pacheco. E, então, a poeira e o barro das ruelas do Jardim Iracema, pouco a pouco convertidos em pedra e, em seguida, asfalto.

Sobre minha raça: primeiro, o Atlântico; segundo, a confluência e, por fim, o encontro com uma história roubada e sem papel. Entre ambas, minha tez refletida em marrom, tal os ônibus no início da manhã, fim de tarde e início da noite, entre a escola, o trabalho e as universidades.

Não sei nadar e meu pai negro marinheiro morreu quando eu ainda tinha dois anos. Nasci e iniciei a vida em um lugar chamado Conjunto Sítio Aratanha, posteriormente denominado simplesmente Gueto, como é chamado até hoje, localizado às margens da avenida Francisco Sá, na periferia de Fortaleza.

Os dois primeiros anos de vida eu passei com meu pai e minha avó Carmelita. Na casa que era justamente um sítio de nome Aratanha. Após a morte dele, minha avó materna levou a mim e minha mãe para sua casa, segundo a mesma, nos resgatando. Nunca soube exatamente do que até poucos dias atrás, o que retomarei adiante.

---

[9] Doutorando em saúde pública (UFC), onde desenvolve pesquisa no âmbito da avaliação da ação pública em saúde mental com foco em aspectos da racialidade e colonialidade no desenvolvimento da atenção psicossocial em países de fala oficial portuguesa. Membro do Observatório de Políticas Públicas em Saúde e coordenador do Grupo de Estudos Negros em Avaliação e Saúde da Faculdade de Medicina da UFC. Professor. Mestre em Avaliação de Políticas Públicas (UFC). Graduado em psicologia (UFC). Especialista em Saúde Mental (Uece), em Aperfeiçoamento em Atenção Integral à Saúde de Pessoas em Situação de Rua na Fundação Oswaldo Cruz (Fiocruz) e em Saúde Coletiva (ESPCE).

Minha avó materna, minha mãe, meus tios maternos e meu avô materno são brancos, alguns loiros, alguns ruivos, alguns com olhos verdes, outros com a pele um pouco mais escura. Minha avó morreu em julho de 2017, internada no Hospital Municipal de Caucaia, e as últimas palavras que ela me disse, enquanto agarrava forte meu braço, foram: "Tenha muito cuidado; aqui só tem ladrão". Olhei ao redor e todo mundo parecia comigo na cor, na raça e na tez. Algumas horas depois, já no trabalho, recebi uma ligação para ir ao hospital.

Minha tia de olhos claros era casada com um homem preto. Ela e ele afetuosamente me chamavam desde criança de negão ou neguinho. Os filhos deles, meus primos, são um preto e um branco, esse último com o mesmo olho verde de meu avô. São os irmãos que não tive enquanto crescia e também os únicos da família a me chamarem assim.

Meu primeiro nome é Francisco e, apesar de ser minha própria mãe a responsável por este nome, jamais me identificou assim e se irritava quando alguém falava Chico, pois segundo ela "é nome de macaco."

Minha avó branca da pele um pouco mais escura, sempre muito orgulhosa em ressaltar o quão ruiva era quando criança, vez ou outra retomava a história do meu resgate após o falecimento de meu pai, afirmando que minha avó paterna, da qual não tenho nenhuma recordação consciente, era "macumbeira". Meu pai tinha dois filhos mais ou menos da idade de minha mãe, os quais também nunca conheci, sendo a única referência de que um chamado Gildomar era arquiteto e a outra, chamada Rose, "uma negona". Nada além disso.

Meses atrás, após algumas horas pesquisando em redes sociais, encontrei o perfil de alguém com sobrenome parecido com o meu e chamado Gildomar, o arquiteto. Enviei uma mensagem e fui respondido. Era de fato meu irmão, mais velho que minha mãe. Pois que ao conversar com ele descubro que nossa avó, mãe de nosso pai falecido em 1995, viveu até 2004 na mesma casa de sempre. Aquela na qual passei meus primeiros dois anos de vida.

Quando criança, sempre evitei uma determinada rua e esquina do bairro, pois minha avó dizia ser perigosa. A casa da minha avó paterna é localizada justamente nessa esquina e rua! Isso significa dizer que minha avó, da qual não tenho lembranças, viveu na minha vizinhança até meus 11, 12 anos de idade. E que nunca passei na frente de sua casa durante todo este tempo. Segundo meu irmão, Carmelita "fazia doces, tinha traços negros e indígenas, rezava com folha e tinha um cômodo com um altar cheio de santo".

Minha avó, de fato, era macumbeira e eu cresci num terreiro. Não lembro de absolutamente nada e fui privado de sua convivência durante toda a minha infância sendo seu vizinho. Acerca dessa ascendência de meu pai, meu irmão informou que não se tem notícia do nosso avô paterno, pois nosso pai nunca conheceu o pai biológico e a única coisa que sabemos é que se tratava de um homem negro careca. A história da parte negra da minha família para por aí e só fui descobrir um dia desses.

Já de parte materna, meus familiares descendem da região de Iguatu e Acopiara, cidades do centro-sul do Ceará. Eles me apresentam livros com toda a raiz até chegar numa ancestral portuguesa comum chamada Florisbela, minha tataravó ou coisa do tipo, prima de um tal coronel Feitosa ou Nogueira e casada com um tal outro coronel de uma família Martins Chaves, com quem há uma ramificação familiar Araújo.

Segundo contam, meu bisavô pegou sua parte da herança após a morte de um desses coronéis e rumou para São Paulo, retornando em seguida falido. Essa mesma história que, curiosamente, toda família branca no Ceará tem, de um ancestral no interior que era rico e perdeu tudo. Com exceção de minha bisavó que, segundo contam, foi "pega" por esse meu bisavô em um canavial, toda a história é totalmente documentada. A história branca da família. Já de minha bisavó possivelmente "pega no laço" e, por conseguinte, possivelmente indígena, não se sabe também muita coisa além de que foi a segunda esposa de meu bisavô.

Minha avó sempre me estimulou a estudar, mas hoje percebo que em nome de uma soberba para ser "diferente" do restante dos primos, talvez por ter me "resgatado". De certa forma, sempre fui o projeto branco da família e acabei sendo o primeiro e até agora o único a ingressar na universidade, onde estou há doze anos seguidos e até hoje não passei um semestre sequer sem vivenciar ou presenciar algum tipo de violência racial, dentre outras violências, sobretudo por parte de professores/as brancos/as.

A bem da verdade, até o primeiro dia de aula na Universidade Federal do Ceará (UFC), no curso de graduação em economia, em uma época na qual sequer havia políticas afirmativas, não sabia da importância de minha tez para me relacionar com aquele espaço. Naquele dia, eu e minha amiga do ensino médio, Vanessa, igualmente negra, porém mais escura do que eu, sentamos na primeira fila. A coordenadora do curso, em determinado momento, perguntou "quem aqui é da escola pública?", no que prontamente levantamos a mão e rapidamente sentimos um profundo constrangimento: um peso imenso em nossas costas advindo de todos os olhares.

Apenas eu e ela levantamos as mãos. Apenas a nossa pele não era branca. Havia quarenta pessoas na turma sentadas e outras três em pé, professores e a coordenadora, não havia ninguém parecido com a gente. Foi a primeira vez que me senti de fato diferente em algum espaço, posto que até então só frequentava a escola, terminais de ônibus, o North Shopping e meu bairro. Nada além disso. Inclusive, foi a primeira vez também que vi "brancos de televisão", aquela gente tão alva como as atrizes e atores da TV e dos filmes. Nunca havia visto alguém assim em dezessete anos, pois os brancos da minha família e os amigos brancos do bairro tinham a pele um pouco mais escura que esses.

Fiz vestibular também na Universidade Estadual do Ceará (Uece) e fiquei em terceiro lugar na lista de classificáveis em psicologia. No dia da chamada, estava em aula de Economia Matemática (antigo Cálculo I) na UFC e Vanessa insistiu para que eu fosse me matricular. Decidi ir. Fui em casa, peguei meus documentos e me dirigi ao Campus do Itaperi, onde só havia entrado para fazer a prova. A chamada da psicologia era a última. Deu tempo e sobravam ainda seis vagas, de modo que eu já sabia que entraria. A concorrência daquele vestibular havia sido de cerca de 66 candidatos para uma vaga.

Enquanto aguardava, conversava com uma pessoa ou outra e uma menina branca e magra com os cabelos pretos bem lisos e longos – parecida com as atrizes da TV – e que estava aguardando a chamada para o curso de nutrição, puxou conversa. Enquanto falávamos, ao responder o que ela perguntou, sobre concorrência, posição e o curso, a mesma disse "nossa, parabéns, como você se sente roubando a vaga do aluno do Christus?". Não entendi nada. Soube nem o que responder. Só disse que "... bem...?". Hoje, após doze anos vivenciando racismo, dentre outras coisas, nesse ambiente, entendo o que ela quis dizer.

E pois não é que fui o primeiro aluno de escola pública do curso de psicologia inteiro, recém-criado e com apenas três anos de atividade... Ao contrário da turma da economia, havia outras três pessoas negras só na minha turma e mais algumas em outras, das quais sou amigo até hoje. A maioria delas pessoas de classe média e classe média alta. Curiosamente, muitos brincávamos entre si como "os pretos da psicologia" em piadas jocosas e extremamente violentas.

Aliás, nunca vi uma pessoa rir tanto até ficar vermelha como no dia em que, reunidos em um pequeno grupo fazendo churrasco na casa de um amigo cuja mãe é dona de um famoso *buffet* da cidade, ao nos questionarmos se haveria espaço para quantas pessoas dormirem no imenso banheiro, eu afirmei que "depende, se forem pretos igual eu cabem mais uns três só dentro da privada". Eu tinha 18 anos de idade e minha risada durou apenas dois segundos, pois todos os presentes, alguns meus amigos da faculdade, riam sem parar e muito alto ficando muito vermelhos. Foi a primeira e a última vez que comentei algo do tipo na frente de qualquer pessoa, sobretudo brancas. Ali percebi que tinha algo que me faltava nomear e hoje sei, dolorosamente, que são as odiosas negociações que por vezes fazemos com o racismo nesses lugares.

Lembrei especificamente deste episódio no dia em que fui fazer a prova de seleção do doutorado em saúde pública e senti muita vontade de chorar. Havia cerca de oitenta pessoas inscritas na seleção. Todas em uma mesma sala, uma espécie de auditório bem grande. Olhei ao redor e a cena parecia a sala do primeiro dia de aula na graduação em economia. Procurei por pessoas negras e não encontrei em uma primeira vista. Me senti muito triste e desamparado. Olhei ao redor mais algumas vezes e consegui contar mais três. Todas de pele clara, como eu.

Enquanto escrevia, pensava: "Lá vamos nós de novo". No mestrado, havia uma colega negra na turma, minha orientadora e coorientadora eram negras, havia dois professores negros e o coordenador do curso era negro. De certa forma, me sentia amparado. Essa colega negra, contudo, não terminou o curso.

Certo dia, fizemos uma assembleia para deliberar sobre greve e ocupação do prédio. Ela era a representante de turma. Um dos colegas, branco, contrário à paralisação, pressionava muito a minha colega negra, levando-a a se desestabilizar. Em certo momento, soltou: "Se você não sabe conduzir o processo se retire e vá pra casa lavar roupa". Um homem branco do olho claro assumiu a condução de nossa assembleia e ela foi embora. Eu, particularmente, fiquei totalmente sem reação e só consegui proferir: "Meu deus, tu devia ser era preso". Pois bem. Ela foi pouco a pouco "sumindo" e no fim não concluiu o curso. Eu e ela, os dois negros da turma, prorrogamos o máximo possível a defesa. Fui o último a defender. Já nosso colega, irado após deliberarmos greve e nos juntarmos à graduação na ocupação do prédio, terminou no prazo e hoje é policial civil antifascista e do sindicato dos policiais. Trabalha, inclusive, na plataforma de segurança pública de determinado partido de esquerda, atuando junto a determinada deputada branca e feminista.

Ainda no mestrado, durante uma aula de Formação Social e Econômica do Brasil, quando ela e amigas do grupo apresentavam *Casa Grande & Senzala,* tecemos algumas críticas. Fomos interrompidos por uma sinhá da turma nos dizendo – aliás, gritando – literalmente para calarmos a boca e deixarmos de "vitimismo". A colega aquiesceu e "sumiu" mais ainda. Eu continuei a discussão e queria ter uma pedra à disposição.

Eis que hoje me encontro aqui e absolutamente tudo o que aprendi sobre minha tez, na convergência entre minha cor e minha raça, só consegui desenvolver após o envolvimento com outros irmãos e irmãs e estudar bastante, seja junto a agrupamentos, movimentos e redes, seja "por fora" da graduação e pós. Aliás, se hoje pesquiso "Atenção psicossocial e o Atlântico negro", passei cerca de dois anos sem orientação, pois professor nenhum quis assumir por "não entender do tema", o que já sabia que poderia acontecer e, por essa razão, ter, estrategicamente, tentado o doutorado com projeto sobre outra coisa, sob pena de eliminação já na avaliação do projeto e adequação às linhas de pesquisa de um corpo docente inteiramente branco.

A estratégia funcionou e passei em primeiro lugar. Aliás, insistir neste tema diz respeito, também, ao apoio dos meus, que me instam a continuar com a pesquisa, posto que é muito mais que uma tese e, como afirmam, afinal, se não eu, quem faria? Todos os dias penso em fazer outra coisa ou até mesmo pesquisar outra coisa que não diga necessariamente de nossas dores nestes termos. Mas não tem mais volta. Minhas interlocutoras e meus interlocutores não me deixam mais parar também, inclusive, pois se trata do desenvolvimento de tecnologias de cuidado para o nosso povo.

Certo dia, durante a pesquisa, comentando com um irmão sobre esse resgate da minha avó, ele falou: "Irmão, Exu é sete flechas e uma delas é pra dentro da gente (...) Tu precisa continuar". É por isso que, apesar de estudar sobre, não costumo falar sobre racismo, pois somos mais que isso. O racismo diz dos brancos. O que diz de nós é o dengo e a malungagem. E, assim, por fim, escrevo com minha tez, mais do que com meu sangue em si, pois tenho a febre da dupla consciência e se em algum momento escondia a marca de chicote e a mostrava apenas para me incluir em negociações odiosas, hoje as utilizo para matar nossos inimigos e tomar de volta parte do que roubaram de nossos ancestrais junto aos meus, mesmo que seja uma coleção de diplomas.

CAPÍTULO 2

Marcas do Privilégio

COMPREENDEMO-NOS COMO DEUSES

Tassiana Carli[10]

Sinto que para falar de branquitude, isto é, do lugar de tantos privilégios em que me encontro na minha existência, é necessária muita honestidade. Por muito tempo (e ainda acontece!), quando ouvia isso, disparavam-me tantos questionamentos sobre o "existir honesto", que hoje percebo como um fardo de culpas coloniais nos quais estamos imersos.

Banhada, como num rito de batismo cristão, por uma pretensa noção de superioridade, mesmo que isso ainda não aparecesse de maneira tão evidente, o foco, me parece, transformava o "existir honesto" em "não errar", como imagem e semelhança de um deus. Não foram breves os momentos de "mas então tudo é errado?" e "o que posso fazer pra 'ajudar' com a luta antirracista?". Ajudar. Quanta ousadia!

Em *Pele negra, máscaras brancas*, Frantz Fanon (2008) nos fala sobre como o processo colonial desumaniza também as pessoas brancas e me questiono se parte da desumanização não reside também nisso: compreendemo-nos como deuses, onipotentes, onipresentes e oniscientes, impassíveis ao erro e sempre capazes de salvar. Penso, assim, que o principal, na realidade, se encaminhava para o "ser reconhecida não racista" e não para a honestidade no modo como agora a reconheço e em que busco trilhar meus caminhos, ainda que repleto de armadilhas.

Já não tenho mais o ímpeto de querer me afirmar não racista e já compreendo que não sou "salvadora dos oprimidos". Também já consigo acolher minhas complexidades e, em vez de me afogar em culpas, busco agir "a partir de". Compreendo que sou feita de contradições e busco acolhê-las para poder existir com honestidade, principalmente comigo mesma. Além disso, procuro reconhecer que nosso processo de reconhecimento dos privilégios não se constitui como estágios

---

[10] Doutoranda, mestra e graduada em psicologia pela Unesp. Graduada em letras também pela Unesp.

que, uma vez compreendidos, estão superados. Refiro-me também ao que nos fala Janet Helms, em seu livro *Black and White Racial Identity: Theory, Research and Practice* (1990), em relação aos estágios pelos quais se desenvolve a identidade racial branca: contato, desintegração, reintegração, falsa independência, imersão/emersão e autonomia.

Ainda que, desde cedo, desprendida de muitos rótulos e cartilhas de comportamento, a vida como uma mulher branca cisgênero de classe média, crescida em uma família extensa e em relações que demonstravam seus racismos e todas as contradições que as compõem da maneira mais explícita, fez-me também racista. Eu podia jurar que o fato de quase não haver pretos e pretas na escola particular na qual estudei a vida toda, que praticamente não ter pessoas pretas nos meus círculos de afeto ou que reproduzir aquilo que por tanto tempo consideramos "piadas" seriam ocorrências "normais" (nós, brancos, costumamos trilhar por essa perspectiva, já que nos construímos enquanto a norma).

Da mesma maneira, o recorrente lema do mito da democracia racial – "somos todos iguais" – fazia-se um mantra. Buscando muita honestidade em meus escritos, penso que se trata de um tempo que perdurou muitos anos da minha existência no qual, realmente, a questão da raça se fazia presente no trocar de calçada ao ver uma pessoa "suspeita" (preta, evidente!), entre outros racismos tão intrincados e cotidianos. Tanto é que hoje me questiono como levei tanto tempo para reconhecer a negritude de minha bisavó (aconteceu muito tempo depois de sua partida), assunto jamais comentado na família.

Não ter nascido preta, nas palavras de minha avó, era "escapar de uma". Então, como é que sua mãe, minha bisavó, podia ser preta? Não fazia sentido para mim e nunca dialoguei com outros familiares para compreender as perspectivas deles. Sinto que a venda racista me impediu de enxergar o que se apresentava de maneira tão nítida. Penso, portanto, que o que Helms considera o estágio do contato, ou seja, o medo ou curiosidade primitiva em relação a pessoas negras, foi onde me encontrei grande parte da vida.

Lourenço Cardoso, em seu artigo intitulado "O branco objeto: o movimento negro situando a branquitude" (2011), nos fala sobre como os movimentos negros situam a branquitude e me reconheço profundamente nas palavras do autor, justamente por ter experienciado o início de meu processo de letramento racial a partir da relação e convivência com uma amiga autodeclarada negra. Conhecíamo-nos há pouco tempo, mas correspondíamos em muito os afetos uma da outra. Ela, em processo de reconhecimento de sua negritude, trouxe-me de maneira escancarada a minha branquitude. Escancarada, digo, por mim, pois a partir daquele momento parecia que uma outra existência se fazia, ainda que com todas suas marcas, mesmo em muitos momentos querendo apagá-las numa espécie de vórtice culposo.

Era como se fosse o "impacto na porta de vidro" de que nos fala Edith Piza em "Porta de vidro: entrada para a branquitude" (2002). Embora hoje eu consiga compreender que nossa invisibilidade racial enquanto pessoas brancas não passe de um "delírio da branquitude", como nos fala Tatiana Nascimento (2020) e que tendemos a agir na conveniência para nos mantermos em lugares de poder, pactuando narcisicamente por meio das mais diversas violências para nos protegermos enquanto grupo, como retrata Maria Aparecida Bento (2002), preciso ser honesta em aceitar que foi exatamente assim que me senti: numa explosão decorrente do impacto com uma porta de vidro que se desintegrou junto com meu antigo existir.

De mãos dadas com o início do desintegrar de minhas noções racistas sobre o mundo, estavam a raiva, a culpa e a vergonha. Ainda que Helms (1990) nos fale sobre a possibilidade de a culpa e a vergonha serem projetadas como raiva sobre as pessoas negras, acusadas pelo mal-estar emocional gerado, não consigo acessar se, conscientemente, em algum momento, me encontrei dessa forma. Por outro lado, a raiva sobre mim mesma fazia-se presente de maneira constante. Não foram poucos os momentos de comoção pública, numa tentativa de ser reconhecida como antirracista pelas lágrimas e pela manifestação de dor que, na verdade, ainda reforçavam meu suposto lugar de centro e merecedora de acolhimento.

Reconheço aqui o que nos traz Robin DiAngelo em *White Fragility: Why It's So Hard for White People Talk About Racism* (2018) a respeito da fragilidade branca. Para ela, existe uma fragilidade emocional branca decorrente do escasso convívio com outros grupos étnico-raciais, bem como da posição social de pessoas brancas que nos protege de experiências estressantes advindas do racismo, fatos incidentes sobre pessoas negras e não brancas. Sendo assim, a autora propõe a metáfora da "almofada protetora": o isolamento branco garante posição racialmente confortável, fato que implica limitação para suportar o estresse racial, compartilhar perspectivas sobre o racismo, bem como encarar questionamentos a respeito de seus privilégios. Dessa maneira, a mínima situação de estresse racial se torna intolerável e implica atitudes defensivas. Um caso emblemático é a comoção pública expressada por raiva, medo e culpa.

Tendo permanecido me desintegrando num tempo que considero significativo, o processo de reintegração, a meu ver, também não foi isento de seus racismos. Helms (1990) nos apresenta a possibilidade de, no referido estágio, a pessoa branca experimentar um senso de alienação em relação a outras pessoas brancas devido ao fato de se encontrar em contato com experiências que a levam a problematizar o ser branco e o próprio racismo.

Reconheço de imediato quando a reintegração começou a ganhar forma na minha existência. Porém, fazendo uma retrospectiva, sentia-me como uma "branca especial". Muitos foram os momentos que não respeitei o processo de outras pessoas brancas que estavam, assim como eu, reconhecendo sua branquitude. Era como se existisse uma cartilha a ser seguida e um único modo de se encaminhar para o reconhecimento dos privilégios da branquitude, bem como para se pensar práticas antirracistas. Como se faz complexo sair de uma noção de categoria central, da qual decorrem todas as outras, sustentada pelo pensamento colonial! Ai de mim e o perigo da história única, como pontua Chimamanda Ngozi Adichie (2020).

Compreendo esse processo como projetivo: o autoritarismo com que conduzia minhas ações e diálogos dizia respeito mais a mim mesma do que aos outros. No entanto, no desconforto do meu reconhecimento em relação à branquitude, continuei em busca de transformar o mal-estar em potência. Não digo que foi de maneira consciente, mas o processo foi acontecendo devido aos lugares em que me mantive, nos quais tínhamos o desejo de seguir com nossos questionamentos, como grupos de estudo, rodas de conversa, mesas de bar, corredores da faculdade.

Além disso, o contato com leituras sobre branquitude, inclusive produzida por pessoas brancas, também foi um catalisador para o meu processo de reconhecimento da branquitude. Foi o caso de uma pesquisa desenvolvida por mim em uma iniciação científica que, desde a revisão sistemática de literatura acerca de produções sobre branquitude em território latino-americano de 2003 a 2021, me permitiu novos encontros com pessoas brancas que produziam em processos de reconhecimento e tensionamento da branquitude semelhantes ao meu. Também se constituiu nesse momento o Núcleo de Estudos sobre Branquitudes (NEB), do qual fui a organizadora, ainda que tenha sido concebido como um grupo com participação horizontal e aberta. Nesse sentido, consigo reconhecer o que Helms (1990) define como estágio de imersão/emersão.

Por ora, reconheço minhas transformações desde o início do meu processo. Mais que isso, compreendo como indispensável o referido reconhecimento para que possamos operar a partir de práticas realmente transformadoras. Refiro-me, aqui, ao estágio da autonomia de Helms (1990), em que me encontro na internalização de uma nova concepção sobre ser branca, livre, na medida do possível, de culpa, vergonha e raiva, a qual me permite encontrar caminhos possíveis para o enfrentamento do racismo no dia a dia.

Não há como negar que o processo de reconhecimento da identidade racial branca por pessoas brancas, ainda que definida em fases por Helms (1990), não se trata, na realidade, de uma linearidade, aspecto também imposto pela noção ocidental da história e da existência. Identifico como um processo para a vida toda em que nós, pessoas brancas, precisamos nos encontrar atentos, mas também dispostos a errar e reconhecer o racismo que nos compõe, por mais que busquemos enfrentamentos para isso. Como já dito, a perfeição proposta pelo cristianismo nos compõe como imagem e semelhança de um Deus que nunca se equivoca e, assim, se compõe mais como um aspecto que contribui com a reprodução do racismo do que seu contrário.

Desse modo, buscarei seguir com minha honestidade, na certeza de que muitos atravessamentos não me compõem por ser branca e que, por isso, não me encontro isenta de racismo. Por outro lado, compreendendo que as transformações são relacionais e constantes, tenho encontrado potência nos encontros da minha existência, mesmo em suas contradições, e me sentido forte para continuar operando contra o racismo, ainda que se deem muitos momentos de angústia. Já não dá mais pra voltar atrás!

REFERÊNCIAS

ADICHIE, C. N. The danger of a single story. Palestra proferida no TED Global, jul. 2009. Disponível em: < https://www.ted.com/talks/chimamanda_ngozi_adichie_the_danger_of_a_single_story/c?language=pt >Acessado em: 8 out. 2020.

BENTO, M. A. S. Branqueamento e branquitude no Brasil. In: BENTO, Maria Aparecida & CARONE, Iray. *Psicologia social do racismo*: estudos sobre branquitude e branqueamento no Brasil. Petrópolis, Vozes, 2002.

CARDOSO, L. O branco objeto: o movimento negro situando a branquitude. *Instrumento – Rev. Est. Pesq. Educação*, Juiz de Fora, v. 13, n. 1, jan./jun. 2011.

DIANGELO, R. *White Fragility*: Why it's so Hard for White People Talk About Racism. Boston, MA, Beacon Press, 2018.

FANON, F. *Pele negra, máscaras brancas*. Trad. Renato da Silveira. Salvador, EDUFBA, 2008.

HELMS, J. E. *Black and White Racial Identity*: Theory, Research and Practice. New York, Greenwood Press, 1990.

NASCIMENTO, T. Aliados brancos x "branco antirracista". Disponível em: <https://pages.facebook.com/story.php?story_fbid=2540217862957884&substory_index=0&id=1742 435509402794&m_entstream_source=timeline> Acesso em: 30 jun 2020.

PIZA, E. Porta de vidro: entrada para a branquitude. In: BENTO, Maria Aparecida & CARONE, Iray. *Psicologia social do racismo*: estudos sobre branquitude e branqueamento no Brasil. Petrópolis, Vozes, 2002.

AS MULHERES QUE TRABALHAVAM EM MINHA CASA

Francileuda Portela[11]

Neste ensaio, tenho a oportunidade de refletir sobre a percepção que venho tendo acerca do meu processo de racialização. E entendo que pensar meu lugar é um convite para dar conta de que esse lugar está intrinsecamente ligado a questões subjetivas e enraizamentos familiares.

Essa busca por minha identidade racial começou a partir da minha experiência com o mestrado, quando me senti convidada a pensar nos padrões de poder que levam à opressão. Sabia que precisava começar por algum lugar e entendi que seria por mim mesma, por meu lugar, o lugar que ocupo.

Reconheço meu lugar de privilégios que, inclusive, me possibilita a escrever e falar, entendendo a escrita como uma ferramenta potente para a mudança ainda não acessível para quem desejar. Sou uma mulher branca de 42 anos. Tenho duas filhas, uma de 17 anos e a outra de 13 anos. Sou professora universitária e psicóloga clínica e escolar, e demorei muito tempo para entender a importância do nosso processo de racialização. Passei por duas faculdades, duas especializações e não ouvi sequer falar sobre esse processo.

Atualmente, moro numa cidade do interior do Ceará chamada Tianguá e sou da classe média local, com acesso a inúmeros privilégios e sei que me reconhecer é, além de um desafio, um esforço necessário para tentar uma aproximação, ainda que timidamente, de quem realmente sou.

Nessa reflexão e contínua busca de autorreconhecimento racial, rememoro uma narrativa de minha mãe, uma mulher branca, que veio de uma infância muito pobre, mas contava com satisfação que as pessoas olhavam

---

[11] Doutoranda e mestra em psicologia (UFC). Graduada em psicologia (FLF/CE) e graduada em letras (UVA/CE). Especialista em Educação Ambiental (UVA/CE) e em Psicopedagogia Institucional, Clínica e da Saúde (UVA/CE). Pesquisa processos psicossociais com as temáticas de classe, raça, gênero, interseccionalidade, privilégios, autoritarismo, políticas públicas e educação.

para ela e seus irmãos e diziam: "Tão bonitos, que pena que são pobres". Parecia que diante da pobreza ainda era possível se reconhecer melhores que outros. Ouso dizer que a beleza que era ressaltada era por sua cor branca.

Minha mãe foi empregada doméstica aos moldes brasileiros. Ou seja: trabalhava e recebia em troca moradia, roupa e comida. Isso se deu dos seus 10 anos até os 17, quando resolveu ir embora e voltar para a casa do pai.

Pensar a história de minha mãe é pensar um duplo movimento: um que se coaduna com a história de vida de milhares de mulheres pobres que nasceram do outro lado do espelho, evidenciando a desigualdade racial e social. Crianças e mulheres que não tiveram escolhas, nem puderam elaborar perguntas de por qual motivo a vida ser assim. O outro é o lugar de mando acessado por marcadores de privilégio de raça e ascensão social que, quando ocorrem com os brancos, parecem potencializar outros privilégios a partir da cor.

Assim, de certo modo, considero que minha mãe tinha privilégios e que, talvez por isso, teve condições de trazer à tona a consciência de que poderia pensar por si mesma e decidir que vida queria ou a ideia de vida melhor. Fazendo minhas próprias rememorações, durante minha adolescência, já percebo meu lugar de privilégio ao me dar conta de que sempre tive, dentre outros privilégios, alguém para ajudar nos serviços da casa – que eu, por sinal, detestava –, o que já demonstra uma realidade diferente de minha mãe.

Infelizmente, ao longo do meu período de estudos no mestrado, pude perceber o quanto minha mãe, apesar de ter vivenciado opressão durante sua infância e adolescência trabalhando como empregada doméstica, acabou reproduzindo essa dinâmica opressiva ao se tornar a empregadora. Ela passou a exigir servidão daquelas que trabalhavam em sua casa, ao mesmo tempo em que adotava uma postura autoritária, agora ocupando o papel de patroa.

Atualmente compreendo o quanto, mesmo durante minha adolescência, fui exposta a um ambiente que poderia me levar a acreditar que eu era superior aos outros. Ao parar para refletir, percebi que mal lembrava os nomes das mulheres que trabalhavam em minha casa, nem conseguia recordar seus rostos ou o conteúdo de nossas conversas. Essa consciência me fez perceber que, como uma mulher branca, também estava sendo influenciada pelos ideais de superioridade ligados à minha própria branquitude e às várias vantagens que ela traz consigo.

No meu processo de letramento racial, que se iniciou há pouco mais de dois anos, me assustei ao lembrar que as mulheres que trabalhavam em minha casa eram, de alguma forma, realmente invisíveis para mim. Só me recordo do que elas me permitiam acessar: fuga das tarefas que detestava, possibilidade de brincar e ter afazeres feitos quando eu chegasse para comer e descansar em casa. Eu podia me manter em meu lugar de privilégio, embora construísse uma imagem de mim mesma como trabalhadora, esforçada e com tantas dificuldades para galgar meu lugar social de conforto e de direitos.

Esse meu movimento de galgar a ascensão social a qualquer custo ou desatentamente, era uma reprodução que ecoava do modelo universal de vida moderna e de trabalho que nos coloca em um caminho de sempre almejar desenvolver, crescer, quando na verdade não passa de um modelo colonialista que visa crescimento de um poder dominante em detrimento de outro, que tomaria o lugar de oprimido, escravizado e invisibilizado.

Para mim, não era novidade ter alguém fazendo os serviços domésticos. Cresci vendo e sendo beneficiada por isso. Mas em certo momento da minha vida alguns eventos vividos me levaram à reflexão sobre essas mulheres que estiveram na minha vida e eu nunca as percebi direito. Só as via como mulheres que faziam as coisas para mim, que eram mulheres negras, mais pobres que eu, que não tiveram "sorte" ou "oportunidades" na vida – discursos que eu sempre ouvia acerca dessas mulheres – e que, por isso, estavam a meu serviço. Me entristece lembrar que um dia pensei e agi assim.

O ambiente em que estou inserida, que ainda é influenciado por forças colonialistas, me levou a acreditar que eu teria uma superioridade legítima em relação aos outros, com a autoridade para falar e determinar a verdade. No entanto, hoje compreendo a importância de questionar e desconstruir esse posicionamento, tanto em mim quanto na sociedade como um todo. Reconheço que a problematização destes lugares de privilegio é não apenas legítimo, mas também urgente.

Na tentativa de fazer uma autorreflexão, compreendo e reconheço que sou capturada por comportamentos da branquitude. Embora eu e minha mãe não façamos parte da elite, economicamente fomos de certa forma alimentando, reproduzindo e sustentando os ecos dessa branquitude que é estruturante em nossa sociedade. Não fomos só capturadas, mas estruturadas e acabamos reverberando em nossas atitudes um modelo colonizador que cria performances superiores que forjam a existência de outras performances inferiorizadas.

Silenciosamente, agimos de forma a sustentar os privilégios frente a outros e, nesse processo, a partir da minha trajetória de privilégios, ao ingressar no mestrado em psicologia, num movimento coletivo de (des)aprendizagem, deparei-me com os estudos decoloniais que me permitiram arriscar um movimento de reconhecer minha branquitude e buscar maior consciência, enquanto mulher branca que sustenta privilégios oprimindo outros corpos, outras pessoas, outras mulheres.

Na verdade, penso que, para romper com tais estruturas de dominação instituídas e hierarquizadas, questionamentos, diálogos e (des)aprendizagens são necessários, sobretudo quando podem desvelar a supremacia da branquitude estruturada em nosso meio, em nossos corpos. Os questionamentos servem para mim, nesse momento, como uma espécie de bússola, que redirecionam meus pensamentos para que, consequentemente, assim espero, reflitam em minhas ações. Podem me levar ao encontro comigo mesma e do outro. Mas sei que sempre correrei o grande risco de me perder de novo, de novo e de novo.

Frente às marcas de privilégio das quais emergi e ainda me benefício, as perguntas, as reflexões, os diálogos, a escrita, a leitura, a música, a arte são possibilidades de acesso criativo que me permitirão, ao me sentir perdida em meio aos discursos da branquitude, voltar à consciência de mim mesma e do outro, encontrar-me de novo, embora isso me exija um grande esforço de atenção e problematização crítica e, devo dizer, muitas discussões têm intensificado meu processo de racialização.

Textos, aulas e debates têm me ajudado a questionar os valores que tenho carregado como herança cultural dessa sociedade que desacredita e desvaloriza "o outro". No contexto da história de vida da minha mãe e da minha, questiono e reconheço a herança cultural da branquitude que carregamos enquanto mulheres brancas da classe média local na tentativa de romper com esse sistema que domina e oprime.

Assim, reconhecer-me com privilégios não é orgulho nem falsa humildade, mas a tentativa de uma ruptura, de uma desobediência frente aos atuais padrões de poder, como também uma consciência racial de que, como pessoas brancas, somos também racializadas.

Enquanto mulher branca, continuarei os esforços para perceber as possibilidades de (des)aprender, e que os meus próximos movimentos nessa trajetória tenham sempre tais reflexões, reconhecendo minha branquitude que por muitas vezes se beneficia de forma perversa, o que me causa, hoje, vergonha, mas essa vergonha, sozinha, não adianta nada.

Também me encorajo a continuar e a descontruir essas estruturas que carrego e continuarei a me convidar a olhar para os marcadores que podem me fazer agir de forma opressora. Por isso, preciso ficar atenta e me colocar no lugar que devo estar nesse momento: o lugar de análise.

As questões raciais sempre foram vistas pelo prisma da pessoa negra, mas, a meu ver, a questão racial é um problema da branquitude também. Portanto, enquanto pessoa branca, me coloco com urgência nesse lugar de análise crítica.

AS PARTES DA MINHA HISTÓRIA QUE EDITEI PARA SER ACEITA

Rachel Damico[12]

> *While I write I'm not the other but the self, not the object, but the subject. I became the describer, and not the described.*
>
> – Grada Kilomba

Fazer um ensaio autobiográfico é se reconhecer como sujeito, autor da própria história e, assim como Ruth Behar (1994), são os acessos às letras que dão meu lugar (que descubro, no decorrer dos caminhos, que é um privilégio). Minhas memórias de infância são repletas de idas à estante de ferro já descascada com livros de minha mãe. Ela, jornalista, é o próprio sujeito que tem direito a ser autor e passa para os filhos esse direito.

Os livros que escolho fomentam sonhos. Criam desejos, possibilidades. Escolho, sempre, mulheres: Virginia Woolf, Lygia Fagundes Telles, Katherine Mansfield. Não esqueço o primeiro livro que falava de aids (esse tema que viria a ser meu grande objeto de pesquisa), *Depois daquela viagem*, de Valéria Piassa Polizzi.

Minha adaptação a esse mundo das letras é tanta que durante a infância e parte da adolescência senti vergonha de minha vó.

– Therezinha Guedes de Lemos Abreu – ela dizia, com todas as letras, para mostrar que era descendente de portugueses importantes. Eu ria, em silêncio.

No corpo, no sotaque, na voz, na sua letra cursiva, tudo indicava que ela era uma mulher amazonense, pouco alfabetizada, costureira, com traços indígenas historicamente apagados (inclusive, ela usava um tipo de penteado chamado permanente, para encaracolar os cabelos).

---

12 Doutoranda em sociologia (UFC). Mestra em ciências sociais (Unesp). Graduada em ciências sociais (PUC/SP). Pesquisa normalização, discurso do estado, identidades LGBT, sexualidade e sociedade de controle.

Qualquer comentário que tirasse a branquitude dela era visto com muita revolta. Ela se portava como uma mulher branca, tem a pele muito clara, mas de fato nunca foi reconhecida socialmente assim. Pelo menos não o seria em São Paulo.

O fato de ser de Itacoatiara, no Amazonas, morando no que era conhecido como "boca do lixo", tendo sido alfabetizada pelo Mobral, era mais do que suficiente para que ela não fosse vista como branca. Meu vô a chama de índia burra. Meu pai e meus tios diziam que ela era burra. Eu jamais disse isso, mas o meu silêncio somado à vergonha mostrava algo do tipo.

Na capital paulista, há um valor associado a ser branco: o do sobrenome. As famílias chamadas de quatrocentonas, ou os descendentes de italianos e alemães, e as famílias judaicas parecem ganhar esses privilégios.

Eu nasci com dois sobrenomes italianos. Da escola à graduação, fui chamada de italiana. Uma parte de mim gosta dessas tradições, me conecta com minha mãe, que fala alto e faz pães, explica porque gosto tanto de pizzas e molhos. Essa filiação me levou ao anarquismo de Errico Malatesta que, hoje, orienta minhas práticas pedagógicas.

A outra parte lembra a todo momento os efeitos desse reconhecimento identitário na construção do racismo. Foi com esse pensar que me aproximei de outros autores, da noção de ser brasileira e daí nasceu a necessidade de repensar os autores que permeiam meus caminhos afetivos e acadêmicos.

Para chegar nisso, tive que me encontrar no lugar de objeto. Mais precisamente de abjeta. Na mesma adolescência de vergonhas de minha vó, me descobri lésbica. Pela primeira vez, eu não podia falar de mim e a todo momento alguém me lembrava que ser eu era ser o efeito de maus-tratos, ou então da falta de uma figura feminina, por odiar meu pai... Nem sei mais contar quantas explicações me deram para minha "anormalidade."

Behar (1994) fala da passividade; de não reclamar, de agradecer. Para mim, algo parecido se deu. As histórias de minha mãe diziam de um tipo sapatão mal-amada, masculina e violenta. Eu, fruto de um lar violento, tive que conter a raiva, a insurgência, a agressividade em nome de uma feminilidade lésbica. A escolha foi a de tornar-me discreta.

A timidez tomou conta de mim. Qualquer erro era visto como uma falha de caráter: uma nota mais baixa, tomar um porre, perder o jogo, chorar, ficar brava. Tudo dizia da minha sexualidade. Então, eu era o menos visível possível. Mas eu agradecia, pois eles me aceitavam. Eu estava lá e viva.

O silêncio me aproximou de minha vó. A culpa veio primeiro. Em seguida, abri espaço para a escuta. Eu já não tinha mais vergonha. Não de minha vó. Deixei-a para mim.

Ouvir minha vó foi o primeiro encontro com a etnografia. Ela contava de casos da mata, histórias do boto que virava homem à meia-noite. Dizia que ele era muito bonito e nenhuma mulher resistia. Desse afeto, conheci a antropologia.

Um professor, talvez um dos poucos que ignorava o fato de eu ser lésbica, me apresentou Margaret Mead e Wilhelm Reich. Eu, que antes era adorada pelas professoras de exatas, que sonhava com a engenharia, mudei. Era insuportável ser o que era antes de me assumir.

Por causa do professor, decidi prestar vestibular para ciências sociais e fui fazer a graduação na PUC de São Paulo. Repensar meus anos naquela instituição foi fundamental para entender o que era ser branco ou branca. Lá, eu não tinha, definitivamente, o mesmo capital cultural que a maior parte dos meus colegas. Sabia pouco sobre arte; menos ainda sobre filosofia. Mas como a estratégia sempre foi o silêncio e a discrição, eu pude disfarçar a minha falta de saber. Bastava olhar para mim que já pensavam que eu tinha tudo aquilo que era necessário. Afinal, como autora de minha própria história, eu pude editar as partes que não seriam aceitas.

Quando contei para uma amiga que meu pai nos batia, que em casa era difícil, que eu aprendi a fazer gato na eletricidade aos 16 anos, ela ficou sem palavras por um tempo longo. Era como se aquilo não coubesse no meu corpo, não coubesse naquilo que eu representava. E eu sabia que não cabia e por anos seguidos nunca disse uma palavra sobre minhas histórias.

Eu já podia dizer de minha vó e podia dizer de minha sexualidade. Tinha um lugar. A literatura me ajudava na maior parte e, nesse lugar, não cabiam as histórias não ditas. Cabia a herança italiana, o pai artista, a mãe legal e jornalista, mas não as dificuldades. Acho que foi o não pertencimento que me aproximou da segunda antropóloga que mudaria meu percurso.

Ariane fazia a graduação comigo e sabia bem mais do que eu sobre todos os assuntos, mas ela tinha que tirar sete e eu cinco. E eu não tinha ProUni. O professor que gostava de mim, pois, aparentemente, o nosso sobrenome italiano nos unia, dizia em sala para Ariane que ela era "uma criminosa em potencial" por ser negra.

De alguma forma, ele achava que estava fazendo uma piada utilizando Foucault. Eu tinha raiva e ao mesmo tempo o lugar do meu silêncio era tão impotente que não agia, não sabia bem o que fazer. A minha escolha foi fazer o que ela mesmo me disse para fazer. Certa vez, Ariane me ajudou e eu perguntei como retribuir. Ela disse: "Faz o mesmo para outra pessoa."

Foi por causa dessa frase, por causa da nossa história, que escolhi, durante a iniciação científica, mostrar que o movimento LGBT era branco, racista e capitalista em busca de um reconhecimento mercadológico.

Na época, eu namorava uma mulher negra e era muito comum escutar, dentro do meu grupo de amigas lésbicas, que "elas eram meu tipo". Eu decidi devolver com as armas que eu conhecia: a escrita. Já na dissertação, escrevi como os movimentos LGBTs buscavam reconhecimento político se colocando como normais em contraposição a certa anormalidade. Que as políticas de prevenção ao HIV/aids promoviam o sujeito branco como normal e, por consequência, construíam uma subjetividade do que é ser anormal, ou seja, não branco.

As conversas em roda, nas quais escutava repetidas vezes "nunca fiquei com mulheres negras, mas é uma questão de gosto", me provavam meu lugar. Meu corpo novamente dizia que aquilo podia ser dito pra mim. Afinal eu era como elas: branca. Jamais isso seria dito para minha namorada.

Finalizando o mestrado, reconheci que a academia não tinha sido meu lugar, que tive que me espremer e me calar para ser encaixada. Saí decidida a dar aula, devolver de fato o meu conhecimento (para não correr o risco de me tornar um professor da PUC) e escolhi fazer o que nenhum professor havia feito por mim: ensinar com afeto.

Passei três anos lecionando entre Parelheiros e Grajaú. E foi ali que aprendi que toda a minha história tinha que ser contada, inclusive as partes que eu editei para ser aceita. Porque reconhecer a possibilidade de edição da vida é reconhecer que há um sujeito que não pode fazer isso.

Como branca e professora, eu era a autoridade. Pude escolher o que ensinar e o que discutir. O primeiro projeto foi de fotografia e antropologia. Apesar da minha paixão pelos sociólogos e de estar no doutorado em sociologia, é sempre a antropologia que guia os meus caminhos.

Propus que as e os estudantes utilizassem o celular e recriassem as fotos de um livro. Escolhi Pierre Verger. A zona sul de São Paulo, onde fica Parelheiros, é majoritariamente de pessoas não brancas e com uma crescente dominação das novas igrejas pentecostais.

Um aluno questiona, quase em choque, que no livro só tinha negros. Diz ele: "Professora, só tem preto nesse livro". Ele, um jovem visivelmente não branco, morador da periferia da cidade, me questiona isso. Eu fico incomodada e permaneço com os projetos. Porém, no mesmo bimestre, eu dou boa nota para um aluno não muito dedicado.

Passando o bimestre, eu fico me questionando aquela nota. Um aluno que não deixa ninguém falar, interrompe o tempo todo a aula, eu não entendo. No decorrer das semanas, eu percebo que na verdade dei nota a ele por me lembrar um colega de escola e reconheço que, então, eu havia dado nota a ele por ser branco.

Em outra escola, na qual eu era uma das poucas professoras brancas, um aluno de sexto ano me diz: "Você fala bem; deveria ser política". Eu respondo com risada. A ideia de participar da política me dá arrepios, mas ali, naquela simples fala, havia o reconhecimento do que é o acúmulo de um privilégio que tenho desde mais nova que ele: o de falar bem.

Reconhecer o que me faz branca é sintetizado nessa frase. Falar bem significa que eu falo como quem tem acesso e passo a ter acesso também. Significa que leio bem e posso escrever sobremim. Tenho esse direito dado desde sempre. Ser sapatão tira algo de acesso assim como ser mulher, mas não perco os trânsitos já conquistados, não perco sonhos. Por mais que eu não conheça a Europa, o sonho criado de conhecer os parques de Londres permanecem desde a leitura de Virginia Woolf, que é muito distinto do que sonham meus alunos quando dizem que se fossem ricos comprariam tênis, moto, carro e, talvez, o carro custe mais do que a viagem, mas existe um privilégio que está inserido no direito a desejar que me foi dado.

Compreender isso que me leva a retomar a academia. Decido dessa vez analisar como se produz arte por meio de um corpo "doente". Escolho Leonilson com sua delicadeza bordada. Há ali um silêncio também.

Utilizo Foucault para entender os dispositivos que constroem tanto o artista quanto eu, sexualidade e anormalidade, sujeitados a determinação do outro sobre nossos prazeres. A disciplina de "Racismo e Branquitude", eu escolho para refazer o sonho de retorno ao meu Parelheiros, como outra pessoa, afetada agora por novas literaturas, para levar não só Verger fotografando o outro, mas Grada Kilomba produzindo o *self*.

REFERÊNCIAS

BEHAR, Ruth. *Translated Woman*: Crossing the Border with Esperanza's Story. Boston, Beacon Press, 1993; Paperback, 1994.

KILOMBA, Grada. *While I Write*. The Desire Project. São Paulo: 32º Bienal de São Paulo, 2016. Disponível em: https://youtu.be/UKUaOwfmA9w. Acesso: 19 mar. 2019.

POLIZZI, Valéria. *Depois daquela viagem*. 19. ed. São Paulo, Ática, 1998.

O RACISMO ENRAIZADO EM MIM

Mariana Cabeça[13]

Aprendi a contar minha história com ênfase no "minha". E é revisitando-a, entre outros movimentos, que entendo que ela se inicia em um lugar não linear e incontável. Meus anteriores também "sou eu". E o que significa isso quando sua ancestralidade é branca?

Como pessoa, inicio minha existência em Blumenau, Santa Catarina, sul deste país continental, quando fui concebida. Gosto de colocar-me a partir desse ponto, pois todos os oito meses que passei desde então participando do mundo através do mundo interior da minha mãe certamente reverberaram e reverberam em quem sou. Minha relação com Blumenau, inclusive, não se limita a esses primeiros meses, mas voltarei a isso.

Aos oito meses, então, acelerada desde antes de participar do mundo por mim mesma, nasci no hospital de Valinhos, cidade interiorana do estado de São Paulo. Transitei em vários espaços do Sul e Sudeste do Brasil, o lugar mais marcante é a cidade de Iguape, litoral sul de São Paulo, onde durante alguns anos minha criação se deu entre minha mãe e minha avó. A mim, me importa ressaltar isso, uma vez que a convivência e admiração por essas mulheres sempre fez parte da minha forma de ser e estar no mundo. A vida não depende do trânsito contínuo de cidade em cidade para ser surpreendente, mas a uma criança de 5 anos a surpresa se deu em escala do tamanho de seu mundo inteiro quando mudamos, então, para Quito, capital do Equador.

Foi neste momento que, devido a uma escolha de meus pais, fui alfabetizada em inglês na The Alliance Academy of Quito durante quase dois anos. Retornamos ao Brasil aos meus 7 anos, para morar em Blumenau, Santa Catarina. Os dez anos que residi lá foram imprescindíveis para poder acessar o que viria a seguir: universidade pública,

---

[13] Graduada em psicologia (Unesp). Escritora publicada pelo estado de São Paulo e pela Unesp. Ativista social em projetos independentes que visam equidade racial e de gênero. Produtora cultural. Psicóloga clínica. Em formação psicanalítica pela Ordem Nacional dos Psicanalistas.

facilidade em testes, segurança na qualidade do meu conhecimento, certeza de que isso faria diferença na minha vida financeira.

Por ter passado meu ensino infantil, fundamental e médio em escolas particulares, compreendo hoje que estive durante todo o tempo em treinamento para poder, caso fizesse a minha parte (que era me dispor a estudar), corresponder a esses testes de entradas sociais. Entradas sociais marcadas para pessoas específicas. Também há uma compreensão hoje de, por conta desses treinamentos, ter uma subjetividade cunhada sobre competições e validação de quem sou por meio de resultados.

A partir do momento que não só sinto estes descolamentos de uma vida tranquila – qual seja, uma vida que se vive no presente e não na expectativa do que posso vir a ser ou fazer –, como também começo a conectar seus motivos às minhas origens, meu interesse começa a se voltar para minha história, que me leva ao próprio propósito de estar me movimentando nesse mundo do letramento racial de pessoas brancas. Mundo que tem tantas nuances, tensões como pistas e é mais interessante quando não é sobre poucas e ansiosas conquistas, mas sim sobre os imensos desafios.

Gosto de contar minha história dessa forma justamente por não ter caminhos óbvios nesse processo de buscar compreender racionalmente seus significados. A vida não é compartimentada e a mente não existe à parte do corpo. O que existiu e existe coletivamente está inscrito corporalmente em mim.

Algo se rompeu no meio do caminho, pois mesmo tendo decidido cursar engenharia biotecnológica aos 17 anos, e me mudado para uma cidade do interior de São Paulo para estudar isso – o que eu fiz ao longo de três anos –, acabei, aos 20 anos, prestando o vestibular novamente para, na mesma faculdade, cursar psicologia. Os motivos que me levaram a isso eram do âmbito da sensação. Eu não tinha resposta lógica, coisa que incomodou imensamente a família nuclear, pois "onde já se viu deixar de ser engenheira a essa altura para ser psicóloga?". Acredito que tenha sido meu primeiro rompimento com a célula narcísica dessa branquitude que não se entende ser o que é. Me formei psicóloga aos 25 anos.

A vida mudou muito a partir da inserção das ações afirmativas. A faculdade que entrei, em 2012, não era a mesma de 2015, quando reingressei noutro curso. Foi nessa transição para a psicologia que comecei a notar o quanto o racismo está enraizado em mim. E, imediatamente após, não ser sobre uma questão de "ajudar" outras pessoas, mas sim sobre ajudar a mim mesma, aos pares.

O debate a respeito daquele espaço dito público não o ser de fato estava se tensionando: o "invisível-visível" estava sendo nomeado. Sendo assim, em 2015, a partir de um convite de uma colega preta, eu, mulher branca, pela primeira vez na vida (aos 21 anos), na Semana de Consciência Negra (semana acadêmica organizada pelo coletivo negro Dandara), sou convocada a perceber – e além disso sentir – que sou, pasmem... branca (!).

Mesmo assim, é apenas aos 26 anos, após ter esgotado todas as tentativas que eu conhecia até então para estender a convocação a meus pares (colegas e docentes) para a realidade dos racismos cotidianos, após intelectuais negres evidenciarem a tamanha incoerência que foi o movimento "telas pretas" + "sou antirracista" no Instagram, que começo a ter coragem de propor a pessoas próximas que façamos esse debate em coletivo. É quando surge o *Jornalzine*, em maio de 2021.

E, após isso, em agosto de 2021, surgiu o livro *Ambivivências*, que tenho o privilégio e, na mesma medida, responsabilidade de ter escrito e lançado em conjunto com Kelly Cena, uma amiga de Ilha Comprida (litoral de SP). A obra foi lançada por uma editora por meio do Programa de Ação Cultural (ProAC), edital público do Estado de São Paulo. *Ambivivências* é o projeto que me reconecta com a juventude, que propõe um "aprender enquanto se faz" e partir da realidade daqueles que são o que virá. Um livro autobiográfico de poesias (CABEÇA; CENA, 2021), no qual propomos o diálogo sobre as diferenças (!) entre ser uma mulher branca e uma mulher preta no Brasil. Material, inclusive, que gostaria de deixar aqui, para encerrar meu ensaio.

> era uma vez?
> desde que lembro de ouvir
> ouvindo palavras
> histórias de heróis e vilões
> binárias
>
> e isso não importava
> elas eram fantásticas
> levando para outros mundos
> que não o dia a dia
> me apaixonei pelas jornadas
> que curiosamente imensas
> encaixavam em páginas
>
> crescendo entre o amor pelos livros
> as risadas das amizades
> e as competições pelo topo

das escolas particulares
perdi em algum momento
ler só por querer viajar
e comecei a querer acumular conhecimento
pra me comparar
me tornei afiada na fala
correndo para ir além do que podia
mesmo quando faltava perna
tentando adivinhar
o que o outro queria

pelo desejo de ser notada
me tornei tão solitária
cercada de pessoas
e vazia de mim mesma
acreditei que ter muita coisa na ponta da língua
ia me deixar sempre salva
só não entendia a profundidade
em que as emoções estavam sendo enterradas

conhecimento pra fora
sentimento pra dentro
"o mundo é dos espertos" eu ouvia
de quem sempre tem algo mais a dar
não de meninas que querem parar
pra olhar, sentir, chorar
até acalmar o próprio peito

hoje eu entendo
esse mundo aí, eu não quero mesmo
sua falácia de mérito individual
é o próprio juízo final

aliviada por não mais querer filtrar
vou aprendendo a só sentir
e fazer morada para tudo que quis
e rejeitei
quando acreditei
que não me cabia

nos entre tempos
e nas brechas
do que está além do bem e do mal
crio novos mundos com as minhas palavras
e agora, também, com silêncios.

O que significa ser branca em uma sociedade racista, logo, estruturada para que eu vivesse uma "neurose cultural", como diz Lélia Gonzalez? Dessa forma, abrindo questões e não impelida a buscar respostas, consigo dar alguns contornos para a construção de quem me foi sendo convidada e desejada a ser, pois meu maior desejo hoje é seguir descobrindo.

Sei que sei muito pouco. E isso não me incomoda mais hoje em dia. Vejo que ainda temos pouca noção das profundas conexões e desdobramentos desse trabalho que precisamos realizar: o de criar um novo marco civilizatório a partir da justiça social. Ainda nos confundimos muito sobre os motivos que nos levam a trilhar esse caminho e, ao mesmo tempo, não julgo mais isso. Não me julgo mais tanto. Acho que isso também faz parte de "me colar à realidade". Acho.

Se não for isso, eu mudo.

E tudo bem.

REFERÊNCIAS

CABEÇA, M. M.; CENA, K. *Ambivivências*. 1. ed. Peruíbe: Inteligência, 2021.

GONZALEZ, L. Racismo e sexismo na cultura brasileira. In: *Ciências Sociais Hoje*, Anpocs, p. 223-244, 1984.

SER BRANCA ME CEGOU

Adriana dos Santos Pereira[14]

Quanto tempo um indivíduo leva para racializar-se e compreender as múltiplas categorias de opressão que atravessam determinados corpos e os distintos privilégios que agraciam a certas pessoas? Sendo mais comum reconhecer/apontar as/os outras/os, que fatores e/ou vivências ajudam na real percepção de si? E o que fazer após a tomada dessa consciência racial? Questionamentos do tipo demandam reflexão e ação que, muitas vezes, ocorrem lenta e tardiamente, a depender, principalmente, dos espaços que ocupamos na sociedade e dos marcadores (raça, gênero, classe etc.) que orientam nossas trajetórias de vida.

As minhas reflexões iniciaram em uma sexta-feira de abril de 2021, durante a leitura do artigo "A estrutura do conhecimento nas universidades ocidentalizadas: racismo/sexismo epistêmico e os quatro genocídios/epistemicídios do longo século XVI", de Ramón Grosfoguel (2021). A leitura me levou à seguinte indagação: por que eu não problematizei a imagem da mulher negra (ou a ausência dela) nas charges utilizadas em minha pesquisa de mestrado? Por que não percebi a falta de discussão do racismo nas reconstruções textuais feitas por estudantes de três turmas de nono ano com quem discuti, durante meses, sobre as identidades do nordestino no contexto da seca? Outras questões também surgiram: os corpos discursivizados nos textos eram de pessoas brancas e/ou negras, jovens e/ou idosas, magras e/ou gordas? Ou estavam ausentes?

---

14 Doutoranda em Linguística Aplicada (Uece). Mestra em letras (UERN). Especialista em Gestão Pedagógica da Escola Básica (Uece). Especialista em Ensino de Língua Portuguesa (FIJ). Graduada em letras português/espanhol (UFC). Professora de Língua Portuguesa. Integra o Grupo de Pesquisa em Análise de Discurso Crítica (GPADC): representações, ideologias e letramentos – Uece/CNPq – e o Grupo de Estudos e Pesquisas em Multimodalidade, Semiótica Social, Letramentos Múltiplos e TDICs (MultisemioTICs) – UERN/CNPq.

Inquietações e *insights* acadêmico-pessoais tomaram conta de mim quando fui me aproximando, por meio de eventos virtuais oportunizados pelo complexo período da pandemia de covid-19, de pesquisadoras/es negras/os que investigam principalmente raça e gênero. Tais encontros desvelaram em mim o desejo e a curiosidade de compreender melhor essas temáticas amplamente publicizadas em lives e superficialmente problematizadas por mim, uma mulher branca, vivendo em seu mundo branco sem se dar conta da própria branquitude. Inclusive, eis uma palavra que, até pouco tempo, não pertencia ao meu dicionário: branquitude.

Nesse contexto, as instigantes discussões realizadas em duas disciplinas das quais participei como aluna especial, entre 2021 e 2022, contribuíram para que eu percebesse o quanto as dimensões raciais eram negligenciadas em meu entorno. Essa invisibilização ocorre devido ao poder de discursos sócio-históricos que, por longos séculos, proclamam a pseudoideia da mestiçagem brasileira e, consequentemente, a ideia de não enxergar cor e sim seres humanos. Isso ficou mais evidente a partir do momento em que percebi que fui criada (e acredito que brancas/os ainda são) sem a necessidade de pensar em mim no tocante à racialidade, pois raça e racismo eram figuras de alteridade. Que pertenciam somente ao outro, portanto.

Cresci ouvindo e reproduzindo, em diversos ambientes, frases como "todos somos iguais e merecemos respeito" ou "todos somos iguais e temos os mesmos direitos e deveres, independentemente da cor da pele". Assim, eu naturalizava meus privilégios à proporção que normalizava o fato de brancas/os ocuparem indiscriminadamente os melhores postos de trabalho, frequentarem as escolas/faculdades mais renomadas, morarem nos bairros com maiores índices de desenvolvimento humano, estarem nos importantes espaços publicitários, interpretarem os papéis mais representativos em programas de TV, filmes e novelas etc. Em que parte, então, se perdeu a ideia da igualdade se um grupo é favorecido em detrimento de outro? Indagação que exige de nós responsabilização para compreender a estrutura social e, acima de tudo, humildade para se engajar na luta.

Se, durante bastante tempo, essas questões não me afetavam, inexistiam motivos para eu me preocupar, em particular porque vivenciava o sentimento de pertencer racialmente (em corpo e fala) aos espaços que ocupava, aos lugares por onde circulava. Algumas pistas já estavam ali, mas passavam despercebidas no emaranhado da vida cotidianamente branca e embranquecida. No meu processo de autoconhecimento de hoje, sei que esse pertencimento também representa a ausência das vozes que foram (e continuam sendo) silenciadas e dos demais corpos que são fenotipicamente distintos do meu, o qual é lido socialmente como branco e empoderado no conforto da hierarquia racista da qual faço parte.

Foram necessárias quatro décadas para que, no diálogo com textos acadêmicos e com colegas e docentes da pós-graduação, eu me reconhecesse enquanto uma mulher branca permeada por privilégios da branquitude, os quais nos levam a acreditar (embora, algumas vezes, de modo inconsciente) que somos o modelo universal, o padrão de conhecimento e de beleza, isentos de nomeações e questionamentos.

Nesse sentido, era supernatural não olhar para mim como sujeito racializável e não ver problema algum nas princesas dos contos de fadas da minha infância que tinham a pele clara e os cabelos lisos. Era supernatural que eu e muitas meninas da minha geração endeusássemos a Xuxa e sonhássemos em ser paquitas. Era supernatural a presença quase majoritária de intelectuais brancos em minhas referências acadêmicas. Essas são práticas racistas disfarçadas de normalidade.

Retorno, portanto, à minha dissertação e ao meu projeto de tese e tenho consciência de que ser branca me cegou para discussões acerca das identidades raciais e do silenciamento que envolve esse tema tão urgente em uma sociedade na qual os discursos ainda negam ou subestimam as consequências nefastas do racismo estrutural.

Ouvi de um professor negro que branca/o é quem nunca sofreu racismo. Ouvi de colegas negras/os que, se eu fosse negra, não teria focado apenas no gênero social em minha pesquisa com anúncios publicitários, ignorando a forte seletividade racial dos corpos considerados esteticamente vendáveis. Constatações como essas geraram desconforto e um enorme sentimento de culpa, mas ainda assim é impossível, como pessoa branca, mensurar o sofrimento que os ataques violentos diários acarretam nos indivíduos não brancos por causa do tom de pele, da textura dos cabelos, do formato do nariz e lábios; por causa da própria ancestralidade.

Como cidadã atenta às notícias do mundo e professora de língua portuguesa da educação básica, sempre prezei por um processo de ensino e aprendizagem crítico que fosse capaz de respeitar os diversos conhecimentos das/os estudantes e relacioná-los aos conteúdos formais da sala de aula. Mesmo assim, por muito tempo, fui insensível à concepção de que a invisibilidade da branquitude garante-lhe privilégios à medida que nega direitos básicos à população negra.

Sob o manto da valorização da mestiçagem (e, por conseguinte, da distorção acerca desse assunto), vamos naturalizando sérias questões, criando problemas e vivendo em nossas caixinhas como se não fôssemos culpadas/os. Não compreender e não valorizar a população negra (56% de brasileiras/os) seria desconhecimento, inocência, arrogância nossa (de brancas/os) ou tudo isso junto?

No tocante a essas indagações, o escritor afro-americano James Baldwin, em "O estranho no vilarejo" (2017), me fez viajar pelo mundo da reflexividade e constatar que, embora a maioria de nós possa não ser reflexiva/o e não agir de má-fé, preferimos nos manter a uma certa distância de negras/os porque, assim, fica mais fácil preservarmos nossa consciência, não enxergarmos as injustiças vivenciadas por essas pessoas e nos isentarmos dos crimes cometidos por nossos antepassados, os quais, infelizmente, continuam em ascensão. Aqui é difícil esquecer que grande parte das pessoas com quem convivo são vistas socialmente como integrantes da diversidade de fenótipos brancos do Brasil.

Compreendo hoje que tal omissão (tanto no plano social quanto no discursivo) objetiva manter a população branca tranquila, resguardando-a dos grilhões que escravizam, em pleno século XXI, a democracia racial. Portanto, o processo de racialização tem me trazido lembranças, algumas transmitidas em torno do riso e outras, da naturalização. Por exemplo: minha mãe conta, em tom de graça, que inúmeras vezes foi confundida como babá ao passear comigo, no calçadão da Praia de Iracema, famoso bairro de Fortaleza, no Ceará, já que fui uma bebê com pele extremamente branca e tinha os olhos claros (herança do avô materno). Retornar a essa história também me leva a momentos nos quais tive dúvidas sobre minha raça na hora do preenchimento de certos formulários. Se eu nasci fenotipicamente branca, por que me autoidentificar ora como branca, ora como parda?

Confesso dificuldade de entender a construção social da categoria pardo e, como não tenho a pele branquíssima nem preta, e possuo uma vasta cabeleira crespa, acreditava ser parda. Ou ainda morena clara. Lembro-me, inclusive, de que, depois de alguns minutos tentando me reconhecer, assinalei a opção pardo no questionário socioeconômico de inscrição para o vestibular anos atrás, quando ainda não existia a lei de cotas. Quanta distorção, meu Deus! Distorção possível porque eu nunca senti/sofri na pele a rejeição de colegas da escola e/ou do trabalho, os olhares de medo de pessoas desconhecidas no caminhar pela rua, a presença constante de um segurança me acompanhando em algum estabelecimento comercial ou ainda a truculência de uma abordagem policial.

Outro ponto a destacar é o esforço que preciso fazer para me recordar de pessoas negras em posição de destaque nas instituições por onde passei/passo. Lembro também que tive apenas um professor negro de pele escura no ensino médio e outros poucos colegas de profissão nas instituições onde já trabalhei. Inúmeras/os pardas/os permeiam esses espaços. No entanto, como "não enxergamos cor", insistimos em embranquecer os indivíduos negros de pele clara com os quais convivemos, bem como insistimos em afirmar que não há racismo no Brasil, apesar de haver racistas e dos inúmeros casos de violência noticiados diariamente.

Como professora de línguas, reflito sobre o poder da linguagem, ou seja, das estruturas verbais e não verbais que contribuem para manter a "branquitude como a condição humana ideal", segundo as explanações de Grada Kilomba, em *Memórias da plantação* (2017). Por exemplo, a paz é branca, mas uma situação ruim é chamada de o lado escuro da vida; a pessoa problemática da família é denominada ovelha negra, mas se a cobiça for leve pode ser considerada inveja branca; a maioria dos indivíduos que aparecem em charges sobre a seca são negros/pardos, já os que compõem anúncios imobiliários são brancos.

Ademais, nos últimos meses, fiquei me perguntado a que imagem de homem eu me referia ao cantarolar os seguintes versos nacionalmente conhecidos pela minha geração: "Moreno, alto, bonito e sensual / Talvez eu seja a solução / Do seu problema / Carinhoso, bom nível social". Dessa forma, em um processo *ad infinitum* de letramento racial, hoje fico mais vigilante em relação às minhas atitudes, escolhas e falas, outrora vistas como naturais e agora problematizadas em prol da luta antirracista.

Precisei chegar ao doutorado para tensionar fortemente essas discussões. Fico também pensando na grande quantidade de educadoras/es que, estando em um dos lugares privilegiados para o letramento racial crítico – a escola –, ainda não vivenciam/compreendem, ciente e criticamente, o impacto das dimensões raciais no cotidiano dos indivíduos, com destaque às opressões diárias sofridas por negras/os em nosso país.

Diversos são os problemas a serem enfrentados para mudanças efetivas no Brasil. Creio que uma iniciativa positiva seria a inserção dessa temática (e a desconstrução do mito da democracia racial) em todos os cursos de licenciatura, pois é complexo lidar com tais questões sem conhecimentos adequados, ignorando a própria raça e diante de tantas notícias que circulam na mídia em períodos de polarização ideológica e extremismo político, como vivenciamos hoje.

Dezoito anos após minhas primeiras incursões na docência da educação básica em escolas privadas e públicas, enxergo-me branca e tenho consciência da importância dos meus pares como aliadas/os na luta antirracista. O que fazer a partir de agora? Considerando que todo conhecimento é também autoconhecimento, reflexão, vigilância e ação são imprescindíveis para enfrentarmos essa batalha, não como protagonistas da história – pois nossos limites são frágeis –, mas como personagens que apresentam papel relevante e são capazes de explorar possibilidades de resistência e transformação social.

As leituras e descobertas realizadas nos últimos dois anos, têm me proporcionado mudanças no modo de olhar/executar meu projeto de vida, meu objeto de pesquisa e as práticas acadêmicas nas quais me insiro. Assim, fui apresentada a Djamila Ribeiro, Grada Kilomba, Vera Rodrigues, Lélia Gonzalez, Cida Bento, Sueli Carneiro, Aparecida Ferreira, Robin Diangelo, Lia Schucman, Frantz Fanon, James Baldwin, Lourenço Cardoso e a tantas outras vozes importantes na discussão das relações raciais (em seus distintos vieses).

Embora desafiadores e, por vezes, incômodos, esses diálogos estão sendo muito produtivos. Por fim, ciente das sutilezas e dos acordos da branquitude, é na direção de visibilizar cor, de me enxergar pertencente ao grupo opressor e de desaprender o racismo que pretendo seguir.

REFERÊNCIAS

BALDWIN, James. O estranho no vilarejo. *Revista Serrote*, São Paulo, Instituto Moreira Salles, n. 26, jul. 2017.

GROSFOGUEL, Ramón. A estrutura do conhecimento nas universidades ocidentalizadas: racismo/sexismo epistêmico e os quatro genocídios/epistemicídios do longo século XVI. *Revista Sociedade e Estado,* Brasília, v. 31, n. 1, 2016. Disponível em: <https://www.scielo.br/j/se/a/xpNFtGdzw4F3dpF6yZVVGgt/?format=pdf&lang=pt>. Acesso em: 16 abr. 2021.

KILOMBA, Grada. *Memórias da plantação*: episódios de racismo cotidiano. Tradução por Jess Oliveira. Rio de Janeiro: Cobogó, 2019.

ESTOU EM PROCESSO DE REPARAÇÃO

Paulo Igor Cândido Sousa de Oliveira[15]

Sou um homem branco, heterossexual, cisgênero e socialmente privilegiado em diversos aspectos. De classe trabalhadora, minha família é diversificada entre pretos/as, brancos/as e pardos/as. Todavia, as minhas ações cotidianas reproduziam, naturalizavam e reforçavam o racismo.

Meu narcisismo branco era permeado de atos sexistas e de desumanização de quem não fosse pertencente à branquitude. Isso funcionava em muitos níveis. Além disso, eu me enxergava como "não racista", embora, na prática, acontecesse de forma contrária. As minhas ridículas "justificativas" eram as clássicas de todo racista: "Tenho amigos negros", "tenho familiares negros e amo eles", "ninguém nunca me chamou de racista" e a que considero a pior de todas: "Poxa, só estou brincando".

Minimizar os atos racistas era recorrente nas minhas ações. Isso não durou pouco tempo. Pelo contrário. Ocorreu por quase toda a minha vida. E eu mal percebia que, ao desumanizar pessoas negras, estava me desumanizando.

Em meados de 2010, participei de um grupo de maioria branca, pardos e um garoto negro. Considerados "engraçadões", André e Carlos[16] se referiam a Marcos de forma racista e no intuito de fazer disso algo cômico, o que levanta uma questão importante: o racismo tem como característica um viés sádico, considerado por muitos como entretenimento. As risadas, inclusive minhas, demonstram o sadismo e como aquela situação racista era motivo de chacota e que proporcionava prazer. A dupla falava coisas do tipo "tu não consegue fazer isso porque é negro" e "sai daí, negro". Lembro que o garoto às vezes apenas ria e, noutras, ficava em silêncio.

---

15 Mestrando em sociologia (UFC). Pós-Graduado em Saúde da Família (Faculdade Unyleya). Pós-Graduado em Serviço Social e Saúde Mental (Faculeste). Graduado em Serviço Social (Uece).

16 Embora a situação seja real, optei por utilizar nomes fictícios, de modo a preservar a identidade de todas as pessoas envolvidas.

Eu também queria ser engraçado, o macho alfa que trazia o entretenimento racista. Então, fui racista utilizando um falacioso véu argumentativo de que era apenas uma brincadeira e não precisava levar a sério. Todavia, com o passar do tempo, Marcos se afastou de mim. Com razão. Pouco tempo depois, voltou a falar comigo e disse que minhas ações eram ruins e causavam tristeza. Ele pediu para que eu parasse e só então respeitei e cedi ao seu pedido. Alguns dias após essa nossa conversa, ele parou de vez de falar comigo, salvo apenas o nosso último encontro.

A última vez que o encontrei foi em 2014, quando estava no mesmo condomínio que ele morava na época. Marcos disse: "Tu é um merda! Queria dizer na sua frente que você é um merda. Nunca mais pise aqui porque tenho nojo de você". Para não romper com o meu machismo e racismo, típicos da branquitude masculina, nem me considerar culpado, apenas fiquei calado com a expressão arrogante de quem não me importava, como se fosse superior.

É interessante refletir sobre isso: a branquitude naturaliza, reforça e perpetua o racismo, assim como está empenhada cotidianamente em tornar hegemônicos e intocáveis os privilégios sociais. Considero que a branquitude está presente na mente de quase todas as pessoas brancas, fazendo com que elas construam narrativas, pensamentos e ações que consistem em sempre serem indivíduos superiores, independentemente da situação. Isso é perceptível em diversos filmes, séries televisivas, quadrinhos e no cotidiano. Diversos setores midiáticos policialescos espetacularizam, ridicularizam e expõem com requintes de sadismo a morte de jovens negros/as, como se eles merecessem aquilo.

O governo Bolsonaro e sua base popular aliada impõe ideias e ações reacionárias e autoritárias. Assassinatos e chacinas contra a população negra são recorrentes. Marielle Franco, João Pedro, chacina na Grande Messejana, dentre tantas outras pessoas negras vítimas de um sistema opressor, violento e genocida. O racismo está intrinsecamente ligado à história brasileira, desde declarações percebidas pelo senso comum como "piadinhas" até a morte.

No momento em que fui xingado por Marcos, eu não percebia que era racista. Tampouco me senti ofendido. Apenas considerei estar num patamar superior a ele e que não fazia sentido qualquer oposição. Sem reconhecer meus erros, nos distanciamos e nunca mais nos encontramos.

Em 2017, um dos membros do grupo que também se distanciou de mim explicou os motivos de boa parte do grupo ter se afastado (inclusive ele) e o que aconteceu para Marcos ter agido daquela forma comigo. Segundo ele, era porque eu tinha me relacionado com uma moça por um período e que um dos membros do grupo gostava muito dela. Nesse sentido, o rapaz elaborou múltiplas narrativas para me difamar e me isolar.

Todavia, considero que Marcos estava correto: sim, eu era racista. Os xingamentos dele não foram à toa e acredito que eu merecia aquelas palavras. Fui racista não apenas com ele, mas com diversas outras pessoas, desde atos, omissões e pensamentos que não expressei verbalmente. Não sei se um dia irei conversar com ele novamente a respeito. Caso ocorra, gostaria de dizer: "Desculpe por todo o racismo que pratiquei não só contra você. Suas palavras fazem total sentido e espero um dia ser capaz de reparar todos os meus erros".

Outro ponto interessante a destacar é como o racismo ocorre mesmo sem ações verbais. Um exemplo disso é que eu não achava mulheres negras atraentes. Em nenhum aspecto. O ideal racista da mulher estilo "Barbie" era o que eu considerava belo. Isso persiste na literatura, na cultura de mídia... Diversos estudos apontam que os/as negros/as são recorrentemente representados/as na história do Brasil de forma pejorativa, simplória, racista e discriminatória.

O racismo – e sua interseccionalidade com o sexismo e a desigualdade social – resulta nesse sistema de diversas desigualdades que estruturam o Brasil. Dentre elas, a perspectiva de enxergar a mulher branca e loira como a ideal, impondo a solidão à mulher negra. O livro da Ana Cláudia Lemos Pacheco, intitulado *Mulher negra - afetividade e solidão* (2013), é primoroso ao aprofundar essas questões.

Em 2013, fui aprovado na Universidade Estadual do Ceará (Uece), na graduação em serviço social. Eu tinha resistência aos conceitos e contribuições proporcionadas pelos/as professores/as. Eles questionavam meus privilégios de homem branco. Com o tempo, isso foi aos poucos (muito devagar mesmo) se modificando. A convite de uma colega, participei de algumas reuniões do Laboratório de Estudos e Pesquisas em Afro-brasilidade, Gênero e Família (Nuafro), mas confesso não ter dado a devida importância a elas. Me considero um estúpido por naquele momento não ter aproveitado o riquíssimo espaço e não ter conhecido apropriadamente tantas pessoas incríveis, como uma das mais importantes professoras negras das universidades cearenses, Zelma Madeira, e outras, assim como não aprofundei discussões e diálogos proporcionados no espaço.

Após começar o relacionamento com minha atual companheira, meus pensamentos racistas, machistas e preconceituosos foram, aos poucos, sendo modificados. De forma gradual, comecei a criticar posturas racistas, machistas e preconceituosas contra a diversidade sexual. Todavia, ainda não enxergava os meus erros de outrora nem sabia da gravidade que isso era presente na minha vida e como atingiu a vida das pessoas.

No período que colaborei no Observatório de Violência Contra a Mulher do Estado do Ceará (Observem), comecei a entender como a violência doméstica está cotidianamente presente em nossa sociedade. Todos os dias, noticiava casos de mulheres mortas e de maioria negra. Comecei a ficar com raiva e querendo buscar justiça, de alguma forma. A partir daí, com leituras de autoras clássicas como Joan Scott e Judith Butler, elaborei e apresentei a pesquisa monográfica sobre violência contra a mulher numa história em um quadrinho específico, orientada por Maria do Socorro Ferreira Osterne. Esse período me fez repensar sobre o machismo que exerci durante boa parte de minha vida.

Após ter começado a leitura de pensadoras críticas do machismo, comecei a me indagar: "E sobre o racismo, que não conheço com profundidade, como posso combater? Eu ainda sou racista? O que devo fazer para mudar essa situação?". Obviamente, não tinha as respostas para isso, tampouco conhecimento sobre a branquitude e como ela está presente não apenas na sociedade, mas durante toda minha vida. Então, elaborei um projeto para concorrer à vaga no mestrado em sociologia na Universidade Federal do Ceará (UFC) com uma temática que não fugia muito do que apresentei na monografia. Ainda não me sentia pronto – ou talvez, inconscientemente, não queria ainda falar sobre raça e racismo porque não queria tocar nos meus privilégios da branquitude – para adentrar em outras questões.

No dia da entrevista, a avaliadora Geísa Mattos ouviu atentamente minha fala, assim como os outros avaliadores. Por motivos óbvios, não fui aprovado e sou extremamente grato aos três pela desaprovação. Isso provocou ainda mais a necessidade para refletir sobre minha vida, erros, acertos e formas de me questionar para, então, contribuir com contextos que não compreendia nem me questionava anteriormente.

Por intermédio de leituras de obras dos autores sobre raça estudados na sociologia – Stuart Hall, Clóvis Moura, Lélia Gonzalez, Achille Mbembe, Kabengele Munanga, Abdias do Nascimento, dentre outros –, e participação nos grupos de estudos, palestras, cursos e seminários, minha percepção sobre as relações raciais foi transformada.

Partindo do meu lugar de fala, não tenho a vivência de ser vítima de racismo. Todavia, os relatos de pessoas próximas – família, amigos, professores – vítimas de racismo me assustaram. Mas eu ainda não tinha conhecimento para entender como essas vivências estão inseridas em desigualdades sociais amplas e estruturais. O conhecimento científico e os relatos das pessoas foram fundamentais para entender – ainda que insuficientemente – as referidas desigualdades, que são profundas e persistentes globalmente.

Assim como fala Robin DiAngelo (2018), o racismo persiste (pontualmente ou não) nas ações das pessoas brancas. Seria um erro crasso falar que estou totalmente transformado, que não sou mais racista e nunca mais serei racista. O racismo permanece tanto na linguagem, nos pensamentos, atos, omissões e inclusive na elaboração de trabalhos acadêmicos. Mesmo estando me esforçando diariamente contra o racismo, percebo momentos pontuais (e quando percebo) dos meus atos que fortalecem o pacto narcísico da branquitude.

De acordo com Grada Kilomba, em *Memórias da plantação: episódios de racismo cotidiano* (2019), Paul Gilroy, em um discurso público, descreveu cinco mecanismos distintos de defesa do ego pelos quais o branco passa a fim de ser capaz de se tornar consciente de sua própria branquitude e de si próprio/a como perpetrador(a) do racismo: negação, culpa, vergonha, reconhecimento e reparação. Nas vivências, aprendizados e leituras, senti vergonha, culpa e reconheci o quanto fui racista, estúpido e perpetuei diariamente o racismo.

Estou desenvolvendo uma pesquisa na UFC intitulada "Carolina de Jesus, Tata, Caju e outras histórias: As representações sobre o/a Negro/a nos quadrinhos nacionais contemporâneos". Não pretendo ver a população negra como um "objeto de estudo" ou ferramenta de pesquisa. Lourenço Cardoso (2014) afirma que isso é muito comum quando pesquisadores brancos/as executam trabalhos sobre pessoas negras. Pretendo elaborar um estudo que, conforme Clóvis Moura, seja "uma prática social capaz de romper a segregação invisível, mas operante em que vive a população negra no Brasil" (1988, p.13).

Considero que estou em um processo de reparação, tão bem dito por Paul Gilroy. Elaborar a referida pesquisa, assim como escrever este texto é uma responsabilidade importante não apenas do ponto de vista acadêmico, mas também para minha mudança pessoal. Para quebrar esses pactos narcísicos da branquitude.

Agradeço a você que leu esse texto, à professora Geísa Mattos, aos colegas da turma do segundo semestre de 2021 do curso "Racismo e

Branquitude", ao Núcleo de Estudos em Raça e Interseccionalidades (Neri), aos diversos autores que criticam o racismo, o sexismo, o preconceito contra a diversidade sexual e todas as outras desigualdades sociais, a todos /as os negros/os que são meus amigos/as e todas a outras pessoas que colaboram diariamente na luta antirracista.

Continuemos na luta!

REFERÊNCIAS

CARDOSO, L. *O branco ante a rebeldia do desejo*: um estudo sobre a branquitude no Brasil. Prefácio, cap. 3 e cap. 5. Tese de doutorado. Faculdade de Ciências e Letras, Universidade de Araraquara, 2014.

DIANGELO, Robin. Fragilidade branca. Dossiê Racismo, *Revista UFRJ*. v. 21, n. 3, 2018.

KILOMBA, G. *Memórias da plantação*: episódios de racismo cotidiano. Rio de Janeiro, Cobogó, 2019.

MOURA, C. *Sociologia do negro brasileiro*. São Paulo, Ática, 1988.

PACHECO, A. C. L. *Mulher negra*: afetividade e solidão. Salvador, EdUFBA, 2013.

CAPÍTULO 3

Questões de Família

FILHO DE URUBU NASCE BRANCO

Lia Karine Girão Mesquita[17]

Nasci na Clínica de Acidentes Dr. José Gomes da Frota, que hoje não mais existe. Minha mãe era costureira e meu pai, feirante. Ela nasceu em Ibicuitinga, Ceará, e ele em Itapajé, também Ceará. Se conheceram em Fortaleza, onde nasci. Sou uma mulher branca, filha de um casal inter-racial: mãe branca e pai preto.

Minha branquitude foi muito bem demarcada desde o meu nascimento, quando alguém, ao ouvir um comentário elogioso sobre a minha aparência de bebê recém-nascido, comentou: "Filho de urubu nasce branco mesmo". Quando minha mãe me contou isso pela primeira vez, eu tive que perguntar o que essa pessoa quis dizer. Ela me respondeu: "Quer dizer que ela acha que você vai ficar feia, porque ela acha o seu pai feio". Hoje, entendo que "feio" equivaleria a "negro". Continuei branca.

Desse modo, cresci percebendo a cor da minha pele se misturando à da minha mãe e contrastando com a do meu pai, o que me fez ver com naturalidade uma maior proximidade com a família dela e um maior distanciamento em relação à dele. O que isso gerou foi a ideia de que sou mais acolhida nesse primeiro ambiente que, ironicamente, nunca fez muita questão de que eu me sentisse bem nele, por eu ser "índia" como meu pai. Esse mesmo ambiente onde algumas pessoas diziam que eu era sonsa, como o meu pai, e que dele só não herdei a cor. Às vezes, era como se eu escutasse a mente de uma tia minha ecoando um "graças a Deus" depois dessa última frase. A família da minha mãe me ensinou que eu sou uma mulher branca com uma mancha – simbólica – negra: ser filha do meu pai.

---

17 Mestranda em sociologia (UFC). Graduada em ciências sociais (UFC). Pesquisa sociologia da educação, sociologia da juventude, sociologia urbana e sociologia do conflito.

Outro fenômeno que atestou – mesmo sem a necessidade de qualquer atestado – a minha branquitude foi o nascimento da minha irmã mais nova, negra. Antes dela, éramos dois: meu irmão e eu. Ele, branco, fruto de uma relação anterior de nossa mãe, perdeu o pai precocemente num acidente de trânsito.

Como meu irmão mais velho casou e saiu de casa muito cedo, passei minha infância sozinha. Até a minha irmã chegar.

Nesse contexto, eu sabia que eu, minha mãe e meu irmão éramos brancos, meu pai era negro e minha irmã era algo mais parecido com o meu pai do que com qualquer outro membro da família. Por muito tempo, parentes da parte da minha mãe buscavam formas de, ao mesmo tempo, mostrar que ela não era branca e consolá-la com o argumento de que ela "nem é tão escura, é parda. Tem a cor da pele linda!" e que "não interessa a cor da pele, desde que ela saiba se comportar", ou seja, agir como uma pessoa branca.

Tendo apresentado o núcleo mais importante do início das minhas primeiras formulações e ideias sobre cor e raça, creio ser relevante dizer que sempre foi possível para mim perceber que as pessoas negras ao meu redor tinham que lidar com situações que, à época, eu interpretava como adversas e hoje chamo de racismo.

Sempre lembro de um episódio no qual meu pai me levou para dar uma volta no centro. Nós sempre íamos às Lojas Americanas apenas para olhar – dificilmente comprávamos algo. Num dia em especial, meu pai me deixou mais à vontade para olhar os brinquedos e ficou me observando de longe, quando um segurança veio me perguntar o que eu estava fazendo sozinha e se eu precisava de ajuda. A princípio, fiquei confusa e não esbocei reação. Depois, expliquei que estava com o meu pai e antes que ele terminasse de perguntar onde meu pai estava, eu apontei na direção dele. O segurança ficou um pouco sem jeito, pediu desculpas ao meu pai e se retirou. Ele também era negro e hoje fico imaginando outros desdobramentos para esse episódio: se o segurança não fosse negro, que outro tipo de violência meu pai poderia sofrer naquele momento? Nesse dia, senti medo de não ser filha do meu pai, como muitas pessoas afirmavam em tom de brincadeira quando eu ainda era criança.

Esse episódio me remete a uma primeira característica que observo em mim – até hoje, inclusive, pois devo ser bastante sincera –, que é um sentimento que se assemelha ao de pena, compaixão. Uma vez que não posso me colocar no lugar do outro, faço uma leitura hierarquizada e o coloco em uma posição inferior à minha. E reconheço que nisso há uma dor. Reconhecia essa dor no meu pai, mas antes de isso me causar uma indignação, me causava um sentimento desconfortável, inconveniente, de pena. O mesmo sentimento que minha mãe, anos e anos depois, teve ao também descobrir que meu pai sofre racismo, uma vez que é negro, na ocasião em que, mais uma vez, ele foi abordado violentamente por um segurança, pois estava correndo para entregar um documento que ela, minha mãe, tinha esquecido em casa.

No caso do meu irmão, que teve diversas experiências transgressoras durante a juventude, pois andava com torcidas organizadas, pichadores etc., sofreu a abordagem policial mais violenta e marcante de sua vida na ocasião em que saía de madrugada com meu pai para trabalhar. Não sei se foi nesse dia que meu irmão descobriu que meu pai é negro – ou pelo menos imaginou as implicações disso.

Adianto que a grande conclusão desse emaranhado é: sempre soube que sou branca, mas meu grande sofrimento no processo de letramento racial foi justamente compreender as implicações dos meus privilégios, principalmente no meu contexto familiar. E a maior e mais difícil ilusão que tive que desfazer foi a do meu merecimento.

Somos três irmãos. E eu fui a única que estudou a vida inteira em escolas particulares. Sempre atribuí isso a vários fatores, principalmente por causa da época política que experimentei durante minha vida escolar. Entretanto, minha família sempre me ajudou a construir uma autoimagem de uma pessoa estudiosa, esforçada, quando, na verdade, eu tive a faca e o queijo dados em minhas mãos pelos meus pais.

Minha família não é – nem nunca foi – rica, mas meus pais fizeram altos investimentos escolares em mim. Nunca entendi direito a razão dessa valorização dos estudos em detrimento do trabalho, até meu pai me contar que prestou vestibular uma única vez, passou na primeira fase e não conseguiu passar na segunda. Ele queria ser professor.

Desse modo, a característica autoestima branca se manifesta em mim através do meu orgulho, da minha ideia de merecimento, no âmbito escolar e acadêmico, uma vez que, dentre os meus irmãos, eu era, declaradamente, o motivo do orgulho dos meus pais. Eu tive e tenho que trabalhar, mas meus irmãos tiveram que trabalhar muito mais novos do que eu. Eu tive que assumir responsabilidades domésticas, mas a minha irmã teve que assumir mais nova do que eu e numa intensidade até maior. Eu fui ensinada a ser mais organizada, metódica, pontual, enquanto a minha irmã é vista como uma jovem atrevida, passional, rebelde, opiniosa, que muitas vezes é comparada a mim de maneira negativa. Ela entrou na universidade pública mais jovem do que eu, começou a ganhar o próprio dinheiro mais jovem do que eu e, ainda assim, é posta à minha sombra diversas vezes.

Apesar de tudo isso, foi justamente no espaço acadêmico que fui desafiada a reconhecer e abrir mão dos meus privilégios, processo que ainda está e permanecerá em andamento. Foi na universidade que o "você é branca" deixou de soar como um pretenso elogio, como ocorria entre os parentes da minha mãe, ou mesmo um lembrete jocoso, como entre meus primos por parte de pai, para se tornar uma chamada para a realidade, para a necessidade de saber o local que eu ocupo e a partir de onde saem minhas palavras.

Me vi cada vez mais branca na universidade. Tive colegas muito pacientes que foram de suma importância nas pequenas correções diárias. Tive amigos mais aguerridos que me mostraram que, independentemente da minha boa vontade branca, minha falta de letramento racial me cegava para o meu racismo.

Entender a posição que ocupo tem me causado muito medo, pois acabo descobrindo que não sou coisas que sempre achei que fui, ao mesmo tempo que encontro em mim características que jamais imaginei que tinha. É sofrido descer desse pedestal. É tão doloroso quanto necessário.

Ainda hoje não sei se posso me considerar uma branca ciente e crítica. Digo isso não pela falta de compreensão dos meus privilégios, mas pela dificuldade de abrir mão deles sem sentir que estou cedendo algo a alguém, sendo bondosa.

Além de tudo, ainda não consigo falar sobre raça com o meu pai. Não sei se um dia conseguirei, na verdade. E pensar nisso me lembra que, realmente, minha branquitude talvez não esteja tão crítica quanto às vezes penso estar.

MARCA DE ORIGEM

Mayara Melo[18]

Sempre tive medo da página em branco. Às vezes me pergunto por que escolhi a docência, uma profissão que exige uma habilidade que sempre questionei ter. Escrever mobiliza sentimentos dolorosos em mim. Por que, então, escolhi a academia? Não tenho a resposta precisa, e nem sei a causa de começar um relato sobre meu processo de racialização falando sobre isso. O fato é que foi difícil escrever este texto, pois, como se não bastasse a dificuldade com a escrita, é preciso escrever em primeira pessoa.

Lembro-me de que a única vez em que não tive como fugir de uma escrita pessoal foi quando precisei elaborar um memorial. Iniciei argumentando que não usaria a primeira pessoa, pois meus caminhos eram coletivos. Eu acreditava sinceramente nisso, e ainda acredito. No entanto, agora me pergunto se isso também não foi um modo de me esconder. Em primeira pessoa, fico só, e duvido da minha capacidade de narrar algo que não está plenamente elaborado em mim. No entanto, uma vez aceito o desafio, tentarei me despir das estratégias que costumo usar para escrever. Talvez o que Glória Anzaldúa indica possa me ajudar a olhar para o que conta minha realidade corpórea: "O corpo material é o centro, e central. O corpo é o suporte dos pensamentos. O corpo é o texto. A escrita não é sobre estar na sua cabeça, é sobre estar no seu corpo" (2015, p.5, tradução livre).

---

[18] Doutoranda em Saúde Pública (UFC). Mestra em Desenvolvimento e Meio Ambiente (UFC). Graduada em comunicação social (UFC). Professora da área de Saúde Coletiva do Centro de Ciências da Saúde da Universidade Federal do Recôncavo da Bahia (UFRB). É pesquisadora do Núcleo Tramas (Trabalho, Ambiente e Saúde) do Departamento de Saúde Comunitária da UFC e do Núcleo Interdisciplinar de Extensão, Ensino e Pesquisa para promoção da Soberania e Segurança Alimentar e Nutricional da UFRB. Pesquisa justiça ambiental, modernização agrícola, saúde e ambiente, soberania alimentar, segurança alimentar e agroecologia. É membro da Rede Brasileira de Justiça Ambiental.

Dessa maneira, tive que rememorar como meu corpo foi colocado no mundo, como eu o coloquei e como os outros o enxergaram. Tenho me debatido nessa tarefa difícil, pois percebo que minha narrativa é confusa e, às vezes, desconexa. Há uma dubiedade em minhas memórias e sensações sobre elas. É quase como se diferentes pessoas dentro da minha mente contassem uma história que é a mesma, mas de pontos de vista distintos. Quem sou eu? Por que sou o que sou? Essas não são perguntas novas para mim, pois as faço desde muito cedo. Cresci sem a noção de pertencimento; pelo menos foi assim que elaborei na adolescência no consultório psiquiátrico.

Ainda criança, fui adotada por minha tia materna, mas não sabia exatamente por que minha mãe biológica e meu pai (que nunca conheci) não quiseram ou puderam me criar. Esse sempre foi um tema silenciado, mesmo que a minha adoção em si fosse um fato assumido. Cresci em uma família de classe média que me deu o conforto material que eu precisava, mas isso não foi suficiente para suprir as lacunas emocionais que eu sentia. Minha mãe adotiva era uma mulher branca que casou com um homem pardo, ambos oriundos de uma situação econômica modesta, mas que ganharam dinheiro e alguma influência em uma cidade do interior do Ceará. Aprendi, desde cedo, que esses são fatores que podem provocar silenciamento daqueles que estão ao redor. Penso que esse foi provavelmente um fator que me influenciou a ser uma criança silenciosa. Por volta dos 9 anos, fui levada ao psicólogo porque eu não falava em casa, o que era estranho, já que muitas vezes minha mãe havia sido chamada à escola para ouvir reclamações sobre minha conduta. Eu falava demais fora de casa, mas em casa preferia o silêncio para evitar os confrontos e repreensões. Cresci ouvindo frases como "A gente faz tudo pra ser gente, mas não nega o sangue que tem", mas mesmo com essas informações soltas, nunca soube ao certo qual era a minha origem e os fatos que me levaram a ser adotada.

Por volta dos 10 anos, ocorreu uma festa de aniversário de uma das minhas irmãs adotivas. Minha mãe biológica foi convidada e levou uma das minhas irmãs junto. Lembro que fiquei fascinada tentando encontrar semelhanças físicas entre nós duas. Minha irmã era uma menina negra, já eu tinha a pele clara, assim como a da minha mãe. Isso me causou ainda mais curiosidade em saber qual era de fato a minha origem. Em algum momento da festa, minha irmã biológica começou a contar para todos os convidados que eu era sua irmã. Isso parece ter causado algum desconforto entre minha família adotiva, um desconforto que eu não entendi, mas sei que reagi afastando minha irmã biológica. Depois daquele dia, não voltei a ver minha mãe ou minha irmã biológica por muitos anos.

Cresci como uma adolescente de classe média, e tudo que se presume disso. Tive uma festa de 15 anos, foi quando voltei a ouvir falar da minha mãe. Ela não foi, mas me mandou de presente um anel que joguei no fundo de uma gaveta. Nessa época, eu era uma adolescente comum, não fosse o fato de ser exageradamente reprimida. Havia uma ideia fixa sobre a minha sexualidade, depois descobri que a razão disso era o fato de que eu era fruto de uma relação extraconjugal do meu pai – essa foi a primeira informação concreta que tive sobre esse passado. A narrativa era que se me "soltassem demais" eu reproduziria a sina da minha mãe, por isso fui uma adolescente absurdamente vigiada e controlada. Mesmo assim, comecei a namorar escondido. Essa foi provavelmente a primeira vez que entendi que era considerado problemático um relacionamento inter-racial. Eu lembro bem a reação que recebi quando souberam que meu namorado era negro e filho da merendeira da escola. Pairava o discurso de que aquilo provava que eu "não queria ser gente" e que eu "não tinha jeito". Depois de vários conflitos, não demorou muito para que eu fosse mandada para estudar na capital, e pior, num colégio semi-interno.

A partir desse acontecimento, algumas coisas mudaram em mim. Eu queria sair da casa dos meus pais, e me recusei a acreditar que eu era um desastre anunciado. Embora não me achasse realmente inteligente, entendi que me restava estudar. Contrariando o esperado, passei em todos os vestibulares que fiz e escolhi o curso de publicidade e propaganda na UFC. No entanto, também resolvi agradar meus pais que estavam encantados por eu ter passado em direito e não se incomodaram de pagar uma universidade particular. Era a primeira vez que eles estavam realmente achando que eu tinha futuro e isso acabou sendo irresistível para mim.

Creio que apenas na universidade comecei a me ver em relação ao mundo e, por algum tempo, não pensei sobre os conflitos familiares que me assombravam antes. Também não pensava sobre racialização, ninguém falava sobre isso nos espaços que eu frequentava que, naquela altura, eram basicamente as duas universidades. Embora numa delas eu me sentisse deslocada, pois de algum modo sentia que não compartilhava de alguns códigos que demarcavam quem deveria estar ali. Eu não sei o motivo exato, mas eu sentia que não era meu lugar. Não por causa da minha cor de pele, afinal, minha pele é clara e eu sei que a nossa cor chega primeiro do que os outros elementos. Portanto, compreendo que numa sociedade racista, que passou por processos violentos de mestiçagem, eu tive privilégios. Porém, desconfio que algo escapa da objetividade da cor, mas ainda não estava suficientemente nítido para mim o que havia e há incorporado em mim que, em determinados ambientes, eu me sinto um corpo fora do lugar. Essa é uma sensação que me acompanha desde sempre.

Entretanto, eu nunca tive nenhuma condição básica de vida ameaçada. Por isso, a minha história não é sobre superação. As minhas "conquistas" estiveram dentro do esperado para as condições que tive, não há mérito particular. Minha maior luta foi contra os meus fantasmas subjetivos, foi não deixar que o que disseram sobre mim virasse destino. Meu maior obstáculo permanente foi essa constante sensação de deslocamento que driblei, dizendo a mim mesma que era algo da minha cabeça e fruto da minha história de não pertencimento.

Na vida adulta, decidi que só estaria em lugares nos quais me sentisse bem. Eu não queria viver uma reprodução da infância, não queria me sentir ilegítima em nenhum lugar. Era mais fácil deixar de estar nos lugares do que enfrentar esses sentimentos que me atravessavam. Assim, não foi muito dramático desistir da faculdade de direito. Depois, bastaram algumas experiências em agências de publicidade para saber que também não era o meu lugar. Felizmente, achei um jeito de exercer a profissão onde não me sentia um corpo estranho e comecei a trabalhar com ONGs e movimentos sociais.

Foi trabalhando numa ONG que atuava junto às comunidades costeiras e debatia temas como gênero e raça que pensei de forma mais consistente sobre o racismo pela primeira vez. Mergulhei no debate sobre o racismo ambiental e suas expressões nos territórios de povos e comunidades racializadas. Essa foi a razão pela qual voltei a estudar, dessa vez no mestrado. Eu fiz a graduação para cumprir o caminho "óbvio" esperado de uma jovem de classe média. No entanto, a universidade não era vista por mim como algo que atenderia além de uma profissionalização. Minha família dava valor às pessoas se formarem para ter uma profissão, mas meus pais adotivos não chegaram a concluir o ensino médio, a academia não era exatamente uma perspectiva. O mestrado veio como uma necessidade do trabalho. Precisávamos produzir conhecimentos para fortalecer os processos de luta nos territórios. Acreditei que eu poderia contribuir com esse desafio.

Ao longo do tempo, enquanto muitas coisas aconteciam na minha vida profissional e acadêmica, outras tantas começaram a se desenrolar no âmbito doméstico. Um dia, enquanto ainda estava na faculdade, encontrei minha mãe biológica conversando com minha mãe adotiva em casa. Eu não a via desde a infância e tomei um susto quando fui comunicada de que ela passaria a trabalhar como empregada doméstica na minha casa. Inicialmente, a situação foi péssima para mim, pois eu tinha feito um enorme esforço para parar de me perguntar sobre a minha origem. No entanto, eu não podia mais fugir da pergunta e esperava que ela também não fugisse mais das respostas. Levou algum tempo até que começássemos a nos comunicar e mais tempo ainda até que eu sentasse diante dela e pedisse que me contasse tudo. Foi doloroso, mas finalmente entendi muitas coisas. A partir daí, eu me aproximei da minha irmã, aquela mesma que um dia eu gritei que não era minha irmã. Passamos a sair juntas e talvez tenha sido a primeira vez que senti o racismo me afetando por meio da minha irmã. Sempre recebíamos tratamentos desiguais, foi uma dor que começou a tomar corpo para mim. No entanto, mesmo refletindo sobre o racismo, eu ainda não me percebia como um ser racializado.

Não me perceber, porém, se tornou impossível quando passei no concurso para professora da Universidade Federal do Recôncavo da Bahia (UFRB). Eu vim para um território no qual a maior parte da população é negra, e para uma universidade em que mais de 80% dos estudantes são negros. Aqui, os meus privilégios ficaram muito evidentes e pela primeira vez percebi com nitidez que eu sou vista como uma mulher branca. Não importa que eu me sinta na encruzilhada, não importam minhas questões de identidade. Não importa que eu não me sinta branca, é assim que sou lida. Eu tenho entendido que não posso arrancar de mim as marcas do meu processo de socialização e racialização. Eu recebo vários dos privilégios da branquitude. Sinto e sou apontada nisso constantemente, não só por viver na Bahia, mas por ter um companheiro preto que me instiga a pensar sobre isso. Pensar é pouco; é impossível não sentir os olhares sobre nossos corpos que falam sobre a "distância" vista entre nós dois.

A discussão sobre racismo chegou para mim há bastante tempo, mas só alcancei a discussão sobre branquitude agora. Ela tem me ajudado a ver coisas que passavam despercebidas. Talvez eu tenha me escondido por um longo tempo, mas para me reconhecer em algum lugar, sinto que preciso resolver essa sensação de ser alguma coisa entre, alguma coisa no caminho. Embora eu tenha descoberto tardiamente a minha origem e as questões raciais e de gênero envolvidas nela, eu a intuí, pois cresci sendo lembrada disso como se eu carregasse uma culpa de origem. Hoje eu sei que o racismo à brasileira não é de origem, mas de marca (Nogueira, 2006). Uma marca que não tenho inscrita na pele. Sei disso, mas também penso que se o corpo é suporte dos pensamentos (Anzaldúa, 2015), estes são capazes de marcar esse corpo de algum modo, mesmo que seja nas disposições incorporadas. Mesmo que seja naquilo que silenciamos, calamos ou carregamos com uma culpa original que molda nosso comportamento diante do mundo.

Como escrevi no início, foi muito desafiante essa "escrevivência", termo cunhado por Conceição Evaristo (Fonseca, 2020) e que interpela a lógica da escrita acadêmica, pois a narrativa passa a ser impregnada de nossas histórias e travessias que servem também como instrumento de análise. Quando me proponho a repensar como meu corpo é lido pelo outro e por mim mesma, me proponho também a compreender os diversos atravessamentos e o entrelaçamento entre raça, classe e gênero. Consigo compreender que estar no lugar que estou no mundo hoje foi proporcionado pelas condições privilegiadas que tive. Mas não consigo deixar de me sentir num "entre" e de pensar em como isso afetou minha subjetividade. Os silêncios, o pavor da escrita, a necessidade de cobrir as marcas da própria história numa escrita em terceira pessoa. Não seriam frutos de uma necessidade de esconder ou de narrar performando uma neutralidade, essa mesma usada na lógica da branquitude para narrativas que se propõem universais?

Entendo agora que não necessariamente preciso sair do "entre", mas que é necessário compreender como as questões objetivas e estruturadas se entrecruzam com as subjetivas e estruturantes. Espero que em algum momento meus movimentos e esse modo de pensar, também a partir do meu corpo e das minhas marcas, me levem a não precisar silenciar ou esconder algo sobre minha identidade.

REFERÊNCIAS

ANZALDÚA, Gloria. *Light in the Dark/Luz en lo oscuro*: Rewriting identity, spirituality, reality. Durham, Duke University Press, 2015.

FONSECA, Maria Nazareth Soares. Escrevivência: sentidos em construção. In: DUARTE, Constância Lima; NUNES, Isabella Rosado (Org.). *Escrevivência: a escrita de nós*: reflexões sobre a obra de Conceição Evaristo. 1. ed. Rio de Janeiro, Mina Comunicação e Arte, 2020.

NOGUEIRA, Oracy. Preconceito racial de marca e preconceito racial de origem. *Tempo Social,* São Paulo, v. 19, n. 1, p. 287-308, nov. 2006.

VIVI COMO BRANCA SEM CONSCIÊNCIA DO QUE ERA SER BRANCA

Laisla Suelen[19]

Pensei muito em como começar a escrever sobre o meu processo de me tornar branca. Nem sei se seria essa a forma mais adequada de identificar como me dei conta da minha pertença étnico-racial. Já tinha refletido e pensado sobre diversas vezes, inclusive na terapia. Brancos(as) não precisam pensar sobre quem são, e comigo não seria diferente. Nasci numa cidade do interior da Bahia com cerca de 18 mil habitantes. Em um núcleo familiar no qual mãe e irmã se declaram branca e o pai pardo. Eu sempre soube que era branca. Desde criança, me vi e me tratavam como branca. E isso não quer dizer que eu entendia o significado de ser branca, da minha branquitude.

Começo falando que sempre me soube branca, pois, por estar em um ciclo familiar multirracial, sempre fui vista como "a branquinha" ou "a clarinha". Tenho cabelo cacheado, acho que tipo 3c, preto. E apesar da minha irmã ter um cabelo acho que ondulado, e na infância a cor do cabelo era um castanho bem claro, ainda assim, lembro de situações nas quais perguntavam para minha mãe sobre a filha 'loirinha' e isso era direcionado para mim, creio eu, pelo tom de pele, e isso sempre foi motivo de estranheza. Me via branca, mas loira não. E esse 'loirinha' era vista como um elogio. Hoje, vejo que era uma forma de me embranquecer e tentar me adequar aos padrões de beleza.

Outras situações nas quais me vi como branca foram nas relações com minhas amigas de infância. Vez ou outra, era comentado sobre o tamanho

---

[19] Graduada em psicologia (Univasf). Mestranda em ciências humanas e sociais (UFOB). Pesquisadora no Grupo de Estudo e Pesquisas em Educação, Anticolonialismo, Linguagens e Subjetividades; Técnica no Grupo de Pesquisa GEPEDET – Grupo de Pesquisa em Educação, Diversidade, Linguagens e Tecnologias.

do nariz (apesar de o meu nariz não ser fino, tais como os padrões europeus). Lembro de quando devíamos ter uns sete anos de idade e a avó de uma amiga, que é negra, proferiu o seguinte comentário: "Lai, fica apertando o nariz, porque quanto mais ele se alarga mais preguiçosa você fica."

Na época, não entendi que isso era racismo e uma violência com a minha amiga – que, inclusive, era muito mais disposta para fazer as atividades e brincadeiras que eu. Então, apenas apertei o nariz e desejei ser uma pessoa corajosa e que faz tudo. A minha branquitude foi valorizada e posta como alguém que sim, poderia ter todas essas qualidades e que talvez, naquele momento, eu não fosse tanto por causa do meu nariz. E minha amiga? Como isso interferiu na subjetividade dela? Não sei. Naquela época, não entendia o que era branquitude nem os privilégios que eu tinha. Eu nem sabia o que era racismo.

É fácil para mim falar que eu não sabia o que era racismo. Afinal, nunca fui eu a sofrer com essa violência. Eu era a humana a ser comparada com as que eram designadas apenas como negras. Que violência! Que culpa... Ah, a culpa! Trabalhei-a na terapia, nos auges dos meu vinte e poucos anos, por entender que a culpa só me paralisava e me impedia de fazer alguma coisa. Falando nisso, há um salto temporal que vou tentar retornar brevemente para chegar até o momento que estou hoje.

Durante todo o período de infância e adolescência, me vi como branca e vivi como branca sem consciência do que era ser branca, só incorporando todo esse discurso de que embranquecer era ser reconhecida como bela. Comecei, então, a entrar nessa "noia" e até os 20 anos eu tinha uma questão em aceitar o volume do meu cabelo. No ensino médio, era ritual sagrado ir ao banheiro no intervalo de cada aula para molhar o cabelo e passar creme para que ele permanecesse baixo durante todo o horário de aula. Quando isso não podia acontecer, o meu cabelo sempre estava preso, para que não causasse espanto. E talvez fosse uma forma de não questionarem a minha branquitude. Não sei, só levando isso novamente para a terapia para compreender esse processo.

Adentrando o ensino superior, sempre compreendi o racismo como algo que afeta as pessoas negras e isso continuou a ser passado na universidade, nos poucos momentos de discussão sobre questões étnico-raciais. E, assim, continuei, como uma mulher branca, estudante de psicologia e que entendia que estava ok. Eu não era racista porque não reproduzia comportamentos de injúria e discriminação racial.

Até já usei que a minha rede de amizades e família eram basicamente todas negras como uma forma de mostrar que eu era uma pessoa que compreendia e lutava pelo antirracismo. Dentre tantas experiências no curso de psicologia, de ir para CRAS, CREAS, luta antimanicomial, luta pelo abolicionismo, estudar sobre os processos de exclusão e desigualdade no Brasil, me deparo com o livro *"Psicologia social do racismo: estudos sobre branquitude e branqueamento no Brasil"* (Bento; Carone, 2002). Procurei uma versão em .pdf durante um tempo e não encontrei, até que joguei branquitude no Google e apareceu a tese de Cida Bento. Comecei a ler sem muita pretensão e fingindo não ter leituras obrigatórias da faculdade.

Compreendo, então, que nós, brancos, somos privilegiados nessa sociedade e que esse meu "não entendimento" sobre o que é ser branca é uma forma de reproduzir o racismo. O chão parece que some, né? Como assim, eu sou uma pessoa racista? Eu estou reproduzindo esse racismo? Como eu nunca pensei que se tem um lado que está sofrendo com toda desigualdade é porque tem um grupo que está sendo favorecido por ela? E esse é o grupo do qual eu faço parte. Eu sou a pessoa que é favorecida por isso. Que desconforto! Foi exatamente isso que eu senti.

Fiquei com vergonha, fiquei com culpa, comecei a me sentir uma pessoa horrível e a repensar todos os meus comportamentos da vida. Pensar a forma como me relaciono com as pessoas ao meu redor, a forma como escrevo e falo sobre a psicologia, sempre buscando racializar todas as questões. Então, volta para a terapia. E preciso de alguém que possa me ajudar a compreender toda essa questão branca que eu vinha carregando. E como é difícil! Achar, por exemplo, uma psicóloga que já estudou isso anos atrás...

Comecei a falar sobre isso na terapia e comecei a estudar o assunto. Lá se vão quase sete anos de estudos, pesquisas e enfrentamentos. Me vejo todo dia como uma pessoa branca que precisa lidar com isso.

Sabe aquele sentimento de desconforto quando falam sobre questões étnico-raciais e meus privilégios? Descobri nos estudos que se chamam "fragilidade branca" (DiAngelo, 2018) e esse é o mecanismo com o qual venho tentando lidar todos os dias.

Consigo hoje identificar quando é a fragilidade branca que está me causando incômodos. Vejo que na maioria das situações em que percebo meus privilégios ou que eles são apontados, isso já não me causa culpa ou desconforto, mas aumenta o sentimento de que preciso fazer algo para contribuir com o combate ao racismo.

Não consigo me afirmar uma pessoa antirracista hoje. Acho que brancos a cada dia têm que repensar e assumir esse papel. Sou uma pessoa que luta por uma sociedade antirracista. E luto todos os dias para ser antirracista. Queria poder continuar falando sobre todas as pessoas que ouvi e que me fizeram compreender o meu local de privilégio. Podia citar nomes de várias pesquisadoras e pesquisadores reconhecidos. Mas sei que quem mais me puxou para a realidade foram as pessoas ditas anônimas que me permitiram ofertar meu espaço de escuta. Foram todas as Marias e Joãos desse Brasil e me disseram: "Olhe e escute o meu sentimento, meu sofrimento e veja que você não viveu. Você me escuta e pode acolher e diminuir a minha dor, mas quando eu sair daqui o mundo vai continuar causando dor."

Percebi que preciso ser mais que uma escuta e acolhimento psicológico. Preciso ser militante de uma luta antirracista. E ser militante no sentido de que a luta antirracista seja incorporada nas vivências, nos relacionamentos, no trabalho... enfim, na vida. Sigamos.

REFERÊNCIAS

BENTO, Maria Aparecida; CARONE, Iray. *Psicologia social do racismo*: estudos sobre branquitude e branqueamento no Brasil. Petrópolis, Rio de Janeiro, Vozes, 2002.

DIANGELO, Robin. *White Fragility*: Why it's So Hard for White People Talk About Racism. Boston, MA, Beacon Press, 2018.

RETRATO DE FAMÍLIA

Beatriz Lizaviêta[20]

Posso tentar justificar o gesto de começar esta escrita a partir de imagens apontando para a minha área de formação ou quem sabe indicando que me movi pela necessidade trazida pela pandemia de retornar a lugares conhecidos. Talvez tenha sido por causa disso tudo ou talvez por motivos que eu ainda não consigo nomear.

A única certeza que tenho é que só agora decidi olhar para as fotografias da minha família e entender como a composição racial que nos forma sempre esteve presente, mesmo que só hoje eu comece a tratar sobre ela.

Este texto é um ensaio. Um olhar para o que sempre esteve aqui e eu demorei a encarar. Esse é um percurso, um tatear por um caminho desconhecido.

Meus avós maternos vêm do interior do Ceará e meus avós paternos da região metropolitana de Fortaleza. De um lado, uma família branca; do outro, uma família inter-racial (avó paterna negra e avô paterno branco). Do primeiro casal, apenas filhos brancos; do segundo, apenas crianças negras. De um lado, uma família pobre e do outro uma família com melhores condições de vida.

Mesmo com as diferenças, em Fortaleza eles dividiam o mesmo espaço: o Pirambu/Carlito Pamplona. E foi assim que, ainda criança, meus pais se conheceram. Os irmãos mais novos de meu pai dividiam a classe com o irmão mais velho de minha mãe. Quando minha avó paterna não podia ir às reuniões do colégio, minha avó materna representava as duas.

Eles cresceram.

O tempo e a distância afastaram as famílias.

Meu pai teve seu primeiro casamento. Foi com uma mulher negra que ele teve seus dois primeiros filhos, também negros.

Anos mais tarde, meus pais se reencontraram e casaram. Dessa relação, nascemos eu e meu irmão.

---

20 Mestranda em comunicação (UFC). Graduada em cinema e audiovisual (UFC).

Tenho poucas memórias da minha infância. A mais antiga é a do nascimento do meu irmão. Eu tinha quase dois anos e lembro de estar de mãos dadas com meu pai num ambiente muito grande. Recordo de algumas árvores e da mão livre do meu pai apontando para uma maca e dizendo que meu irmão estava ali. Depois disso, surgem as imagens da cidade passando rapidamente através da janela do carro.

Uma lembrança que eu não tenho, mas que me contam, é a do meu nascimento. Minha mãe e minhas tias falavam que quando eu nasci eu tinha a pele mais escura, o cabelo liso e preto e, por isso, elas apostavam que eu teria a cor do meu pai.

O palpite foi errado.

Dos filhos de minha mãe, a criança que herdou a cor mais escura foi meu irmão.

Lembro de ter uns 10, 11 anos e de estar num supermercado com a minha família fazendo as compras do mês. À época, nós morávamos em Pacajus, município a 50 km de Fortaleza. Era o início dos anos 2000, começo do governo Lula.

Estávamos olhando alguns produtos, quando meu pai avistou um carrinho com um bebê. Ele sempre foi apaixonado por crianças. Sempre que vê uma, se abeira e tenta se tornar amigo. Elas costumam gostar dele – e essa se aproximou do meu pai. A mãe do neném, que até então estava distraída, rapidamente se achegou. Meu primeiro pensamento foi pautado num recorte de gênero. Educada como uma mulher, aprendi cedo que homens são perigosos e que eu devia estar atenta aos gestos deles. Só que daquela vez não foi assim. Algo me dizia que a motivação era outra.

Continuamos nossas compras e mais adiante um homem, dessa vez branco, fez o mesmo gesto do meu pai e a mulher não o temeu. Ela não esboçou nenhuma reação de terror. Muito pelo contrário. Parecia feliz com a aproximação daquele que era seu igual.

Ali eu entendi que havia algo que ainda não tinham me dito, mas que seria muito importante para que eu compreendesse porque minhas amigas brancas de classe média do colégio não iam para minha casa.

Essa memória ficou por muito tempo na minha cabeça. Lembro de sentir que aquela era mais uma das coisas que eu não devia perguntar sobre; que aquele era um assunto incômodo; e que as pessoas adultas que me rodeavam se chateariam se eu questionasse.

Foi bem nessa época que passei a observar a minha cor e a de meu pai. Lembro de parar sempre que estávamos juntos e colocar meu braço próximo ao dele e observar a diferença entre nós. Ali estavam as respostas de muitas questões que eu ainda não sabia como enunciar.

Olhar para mim e para o meu pai e procurar aproximações entre nós tornou-se uma obsessão durante a minha adolescência. Lembro de me indicar como parda na inscrição para o vestibular e nos vários formulários que preenchi ao longo desse período, mesmo que no fundo eu soubesse que não era. Foi esse "saber não ser" que me fez nunca tentar uma política afirmativa de cotas. Eu sabia que, no meu caso, ser pardo era uma fraude.

Ainda assim, eu me sentia num limbo em relação à minha identidade racial. A sensação era de que a marcação da minha branquitude representava uma rejeição, uma negação à figura de meu pai.

Foi só mais velha, depois dos meus primeiros contatos com o feminismo negro durante o curso de audiovisual que comecei a compreender a necessidade de marcar minha diferença. Indicar quem eu era não me fazia negar minha família. Era por saber de onde eu vinha que deveria explicitar quem eu sou.

(Viver um relacionamento inter-racial com uma mulher preta reforçou ainda mais esse valor. Sou muito grata por tudo que ela me ensinou ao longo dos anos em que estivemos juntas. Ainda que ela não seja o tema deste trabalho, devo a ela muito do que sou hoje.)

- Quando eu vou conseguir conversar com meu pai sobre as diferenças raciais que existem sobre nós?
- Eu preciso conversar com o meu pai sobre as diferenças raciais que existem entre nós (./?)
- Como explicar para a minha família materna que não existe democracia racial?
- Como dialogar com quem não quer ouvir?
- Como estudar racialidade sem transformar pessoas não brancas em objeto?
- Estudando a branquitude.
- Mas ela existe quando a diferença não está apontada?
- Como aprofundar um debate quando sempre tento/tentam fugir dele?
- Como falar de violência com quem chora sempre que é repreendido pela violência que cometeu?

CARTAS NA MESA

Andrelize Schabo Ferreira de Assis[21]

Inicialmente, confesso que fiquei desconfortável com a proposta de escrever um texto autobiográfico sobre meu processo de racialização e minhas vivências raciais. Não entendi bem o porquê da proposta e fiquei preocupada com a possibilidade de essa escrita se tornar pública.

O que eu poderia contribuir com o diálogo a respeito de um processo de racialização? Sou uma mulher branca no Brasil. E nós, brancos, não costumamos pensar sobre a nossa própria racialização. Nesta sociedade, somos ensinados e acostumados a pensar sobre o "outro" quando falamos em raça e não sobre nós mesmos, como escreve o professor Lourenço Cardoso no seu livro *O branco ante a rebeldia do desejo* (2020).

Depois de refletir, entendi a necessidade. Colocar as dores e as vivências no papel é um processo visceral. Escrevo este parágrafo após terminar o texto e, ao longo da escrita, abri gavetas de memórias ora esquecidas, ora mascaradas, ora varridas para debaixo do tapete.

Lembrei de meu falecido pai, pensei sobre a sua importância em minha vida e meu processo de racialização enquanto pessoa privilegiada nesta sociedade estruturalmente racista. Não sou nem pretendo me colocar como vítima, mas carrego a cor de quem torturou meus antepassados e milhares de outras pessoas. No entanto, é preciso sair desse lugar de culpa e encarar um lugar de luta.

Sei que sou uma mulher branca e privilegiada. Então, como escrever de forma honesta, tocando em feridas profundas, sem usurpar o papel de protagonismo da questão racial para mim? Sou uma aliada na luta antirracista, como ensina Djamila Ribeiro, não a protagonista. Mas, obviamente, as dores também respingam em nossas vivências quando crescemos em uma família inter-racial.

---

[21] Doutoranda e mestra em Educação Escolar (Unir). Graduada em letras/português (Unir) e em direito (Faro).

Posso falar da questão, mas meu lugar de fala difere dos que sofrem o racismo. Não tenho nem nunca terei a experiência do racismo na pele. Presenciei, no entanto, pessoas que eu amava sofrerem com isso e eu sequer conseguir compreender a dimensão do ocorrido.

Como me descobri branca? Filha de um casal inter-racial, pai negro nascido em Minas Gerais e mãe branca nascida no Paraná, eu sempre fui muito amada e cuidada pelos meus pais. Nasci e cresci em Porto Velho, no estado de Rondônia, lugar para o qual meus pais migraram em busca de oportunidades na época do garimpo.

Posso dizer que tive uma infância cheia de privilégios, pois muitas vezes o básico (que deveria ser para todos) é considerado privilégio em nosso país. Nunca passei fome nem qualquer necessidade que afetasse meu desenvolvimento. Posso afirmar que cresci em um lar amoroso, com a particularidade de que quando nasci meu pai tinha 50 anos e minha mãe, 22. Por isso, o choque de gerações entre meus pais era muito grande e ocasionalmente alguns conflitos ocorriam em casa e algumas coisas "estranhas" aconteciam.

Na minha primeira infância, várias vezes meu pai saía comigo e era questionado por pessoas desconhecidas sobre o que ele fazia com "a garotinha loirinha". Já chegaram a me perguntar se eu estava bem e se realmente "conhecia aquele senhor" ou se estava precisando de alguma ajuda.

Por muito tempo, pensei que isso era normal. Afinal, meu pai era um homem bem mais velho do que os pais das minhas amigas. E era justamente assim que a mamãe me explicava esse tipo de situação. Somente após alguns anos entendi que a questão também era racial, pois o que incomodava as pessoas era ver um senhor negro com uma criança branca e não necessariamente a diferença de idade. Por que não perguntavam ou pensavam que ele era meu avô, se o caso fosse realmente somente a idade dele?

Meu pai era um homem trabalhador e honesto. Teve uma trajetória de vida típica dos homens negros no Brasil. Nascido em 1942, não conseguiu dar continuidade aos estudos formais por precisar trabalhar desde muito jovem para ajudar a família. Era autodidata e exímio leitor. A minha história acadêmica, que inclui licenciatura em letras e bacharelado em direito, e minha trajetória profissional foram profundamente marcadas pela influência dele, um homem negro de raízes humildes que teve a oportunidade de estudar somente até a terceira série do ensino fundamental e sempre incentivou os nove filhos a conquistarem a independência por meio dos estudos.

Somente descobri o porquê de determinadas situações ocorrerem após alguns anos. Meu próprio pai, que trocava fraldas e cuidava da gente com a mamãe, nunca havia tocado no assunto. Apenas depois de entender o racismo que estrutura nossa sociedade e a dimensão das experiências de vida de meu pai, eu comecei a compreender algumas das atitudes e conselhos dele.

Meu pai era extremamente vaidoso e sempre estava com cabelos pintados e barba aparada. Roupas limpas e bem passadas. Mantinha-se arrumado para "causar boa impressão", ele dizia. Entendo hoje que isso também era uma forma de se posicionar diante do racismo cotidiano, em que uma pessoa negra era (e, infelizmente, ainda é) tratada diferente de uma pessoa branca em alguns contextos, como comércios e afins.

Percebo haver, ainda que de forma lenta e fruto de uma visão que tenta ser otimista, uma mudança na sociedade com relação ao racismo e também por causa das leis e da divulgação da prática enquanto crime. Porém, na época de meu pai, o racismo recreativo era divulgado nos programas de televisão, nas piadas na rádio etc. No dia a dia, a presença do preconceito racial não era velada. Ele estava mais escancarado ainda do que na atualidade! Assim, meu pai e tantos outros homens negros criaram formas de proteção e autocuidado.

Antes de minha mãe, meu pai teve outras esposas. Mas nenhuma delas era parda ou preta. Todos os relacionamentos foram com mulheres brancas. Longe de julgar as decisões dele ou discutir uma questão que acho complexa e sensível, além de não ter preparo acadêmico ou vivência para falar sobre o quanto a mulher negra é preterida nos relacionamentos amorosos, sempre ouvia em casa o orgulho do meu pai de sermos (os filhos que viviam com ele) "clarinhos."

Na infância, eu tinha os cabelos loiros e lisos e era visivelmente preferida na questão estética. Minha irmã caçula nasceu com os cabelos castanhos e cacheados. Era amada, mas alvo de críticas de alguns amigos de nossa família por "não ter uma genética tão favorável."

Sempre me senti mal com esse tipo de comentário e hoje mais ainda, pois sei que, apesar de minha irmã também ter a pele clara, essas comparações que ouvíamos eram frutos do racismo.

Ainda na infância, achava extremamente desconfortável compararem a nossa aparência. Eu sentia como se estivesse fazendo algo de errado com ela. Eu era criança e ela também! O elogio que mais ouvia era "Que bonequinha! Tão loirinha e branquinha". Por que eu deveria ser elogiada por isso? Meu pai era lindo, forte, meu herói. Eu queria parecer com ele. Minha irmã tinha cabelos cacheados lindíssimos, mas raramente era elogiada por isso. Note que nos anos 1990 a estética dos cabelos lisos era muito valorizada (mais que hoje!).

Então, aos poucos, pensando a partir do meu processo de racialização, percebo que até mesmo entre pessoas brancas há privilégios estéticos, simbólicos e materiais. Percebo também que a política de branqueamento da população brasileira, instituída de forma governamental, deixou marcas profundas no pensamento de gerações na sociedade brasileira. Era um motivo de orgulho clarear a família, que aos poucos ia perdendo os traços afrodescendentes.

Eu sou a cópia da família do meu pai, temos traços muito parecidos, mas nasci branca devido ao relacionamento inter-racial de meus pais. Me vejo, hoje, após estudar um pouco a questão racial, como fruto de um processo/projeto de clareamento da população, como previa o famoso quadro "A redenção de Cam" (1895), de Modesto Brocos.

Lembro que na adolescência me apaixonei por um rapaz negro e meu pai se posicionou contra. Além do fato de ele ser um homem muito tradicional que queria escolher os parceiros para as filhas, um dos motivos de ele ser contra era porque ele sempre dizia que "no Brasil não é fácil ser negro" e que não queria esse "sofrimento" para suas filhas.

Só ele poderia dimensionar a profundidade dessa fala, as dores e o sofrimento que um homem carrega por ser negro no Brasil. Hoje, adulta e com um pouco mais de experiência, busco compreender essa diretriz dele. O Brasil foi o último país do Ocidente a abolir a escravidão, com um racismo estrutural que se manifesta em vários aspectos da sociedade (oportunidades no mercado de trabalho, renda, população carcerária, condições desiguais de moradia, estudo, lazer etc.). É como diz a letra da música "Pais e Filhos", de Legião Urbana: "Você culpa seus pais por tudo/ Isso é absurdo/ São crianças como você/ O que você vai ser quando você crescer?".

Respondendo à letra da canção citada acima, espero ser alguém que contribua para um mundo justo e com equidade. Nossa dívida enquanto sociedade é grande, a tarefa será árdua e não podemos ignorá-la. O antirracismo é obrigação de todos. Entendo que aprendemos a ser racistas e noto isso quando penso em meu processo de racialização desde a infância. Nesse sentido, também precisamos desaprender por meio de um letramento racial voltado para uma educação antirracista.

REFERÊNCIAS

CARDOSO, Lourenço. *O branco ante a rebeldia do desejo:* um estudo sobre o pesquisador branco que possui o negro como objeto científico tradicional. A branquitude acadêmica. v. 2. Curitiba, Appris, 2020.

RECONHECI MINHA PERTENÇA RACIAL AO VER FAMILIARES SENDO DISCRIMINADOS

Poliana Machado[22]

Sou uma mulher cisgênero, bissexual, branca, juazeirense do Norte, de olhos castanho escuros e cabelos pretos. Existo e falo de muitos lugares atravessados entre si: da mulheridade, da cisgeneridade, da branquitude e de determinados privilégios. De um lugar universitário que ainda é um espaço muito branco e masculino (seja nos textos que lemos, seja entre quem compõe a academia). De um lugar que experimentou e experimenta a opressão em casa e fora dela por ser reconhecida como mulher bissexual num país que ocupa o quinto lugar no ranking dos países mais violentos contra as mulheres e o primeiro lugar entre os países mais violentos contra pessoas Lésbicas, Gays, Bissexuais, Travestis, Transexuais, Queer, Intersexuais, Assexuais, Pansexuais e mais (LGBTQIAP+). De um lugar racial que não está nas estatísticas de morte por racismo, que não é alvo de baculejos, balas policiais e não é maioria nas penitenciárias do Brasil.

Todas/os temos lugares de fala. Falar não remete apenas à emissão de sons, à comunicação oral, de sinais etc, mas ao sentido de existência (Ribeiro, 2020). Quando cada uma/um de nós falamos, falamos a partir da nossa existência em algum lugar, seja considerando nossa própria experiência, o senso comum, estudos científicos etc. Reitero que não pretendo tornar universal o meu relato.

Sou filha e bisneta de casais inter-raciais (filha de uma mulher cis branca e um homem-cis preto; bisneta de uma mulher indígena e um homem branco [avós paternos]). Fui reconhecida e me reconheci branca, primeiramente, a partir das relações raciais com meus familiares.

---

[22] Doutoranda em sociologia (PPGS/UFC). Mestra em Serviço Social, Trabalho e Questão Social (Mass/Uece). Graduada em serviço social (Unileão). Pesquisadora no Laboratório de Pesquisas e Estudos em Serviço Social (Lapess/Uece).

O racismo – sempre perverso – incidiu violentamente sobre os corpos de pessoas não brancas da minha família, seja por meio de atos racistas individuais, coletivos ou de ações institucionais. As posições de desvantagens raciais no mercado de trabalho, no acesso à saúde, à educação etc. – e esse "etcetera" vai além do que eu ou outra pessoa branca poderíamos mencionar –, mas ressalto estes três campos por serem recorrentes nas vivências de meus/minhas familiares, se fizeram/fazem presentes na vida dessas pessoas. Todavia, demorou algum tempo para que eu me reconhecesse branca.

Na creche e nas escolas nas quais estudei, todas as histórias infanto-juvenis eram contadas de brancas/os para brancas/os. Os brinquedos, as atividades não traziam elementos, personagens, vivências que não fossem brancas. Em casa, eu ouvia outras histórias, com outras/os personagens, outras músicas (contadas e cantadas pelo meu pai e pela minha bisavó, sobretudo). Lembro de ficar confusa sobre a minha cor durante a infância e a adolescência.

Foi não sofrendo o que os meus familiares sofreram/sofrem que reconheci minha pertença racial. Mas, para mim, era tão confuso que, em meus pensamentos, a/o branco era algo ruim (digo ruim no sentido de produzir o racismo). Isso não quer dizer que eu não tenha produzido o racismo em momentos da minha vida ou que não tenha privilégios e benefícios em função da minha branquitude. Quero apenas ressaltar que, por conviver com pessoas não brancas, eu entendia que, sim, eu era branca. Mas sentia indignação ao ver pessoas da minha família serem discriminadas nos mais variados ambientes.

Numa estrutura social racista como a brasileira, não ser branca/o é tornado um elemento para a desumanização, criminalização, patologização. Para precariedade da vida. O racismo nunca incidiu/incide diretamente sobre mim. Meu corpo nunca foi alvo. A branquitude, pelo contrário, interseccionada com outros marcadores sociais como classe social e cisgeneridade, aciona a possibilidade de eu ser reconhecida socialmente como humana.

No limite, a branquitude que confere a condição de humano para pessoas brancas finda numa estrutura racista, impossibilitando pessoas não brancas de alcançarem esse status, de humanidade, concebendo um identificador entre o humano e o menos humano. Mesmo em situações de pobreza, a brancura não é pouca coisa. Por isso, "cabe à identidade branca usar interseccionalidade para desconstruir a falsa vulnerabilidade uniformizada, demonstrar o contexto das branquitudes", como me ensinou a intelectual negra e baiana Carla Akotirene no livro *Interseccionalidade* (2018, p.30).

O racismo é um sistema de privilégios conferido às/aos brancas/os e, ao mesmo tempo, ativa posições fronteiriças entre as performatividades de gêneros. Por exemplo: minha bisavó foi objetificada, hipersexualizada e explorada sexualmente; e meu pai foi aprovado na única universidade da nossa região, cursou alguns poucos dias e não permaneceu na graduação. Ambos em função do racismo. E essas são apenas poucas experiências do que ela/e já vivenciou/vivenciaram.

Foi somente na graduação em serviço social, a partir de diálogos com colegas autodeclarados pretas/os que estudavam relações étnico-raciais, que tive meu primeiro contato com estudos acerca da temática, sobretudo a respeito da existência do racismo no Cariri cearense. Foi a partir dessa aproximação que realizamos uma pesquisa, publicada em anais de eventos, sobre a luta do Grupo de Valorização Negra da região, o Grunec, uma associação civil sem fins lucrativos formada em Crato, em 21 de abril de 2001, e constituída por profissionais liberais, professores, estudantes, artistas e religiosos, negros/as e não negros/as.

Cabe mencionar que durante a graduação em serviço social (2014-2018) não foram ofertadas disciplinas obrigatórias nem eletivas, bem como não haviam grupos de estudos e atividades de pesquisa e de extensão sobre a temática em questão. Apenas em 2018, no transcurso do mestrado em Serviço Social, Trabalho e Questão Social cursei uma disciplina eletiva sobre Questão Racial no Ceará, ministrada pela professora doutora Zelma Madeira, hoje assessora especial dos movimentos sociais dentro do governo do Estado.

Certo dia, lembro que Zelma falou sobre algumas/uns assistentes sociais argumentarem que devemos lutar por justiça racial, pois o público usuário de serviços sociais são, em sua maioria, pessoas pretas. Rapidamente, a professora nos disse que sim, a maioria é preta. Todavia, não é sem tecer reflexões sobre essa assertiva que nós defendemos a justiça racial. A docente nos levou a pensar sobre o racismo como estrutural e estruturante de relações sociais e nas expressões da questão racial daí decorrentes.

As aulas com a professora inquietavam minha branquitude. Eu me perguntava sobre os porquês de nós, assistentes sociais brancas, lutarmos por justiça social e, muitas vezes, sequer mencionarmos a justiça racial. Por que, majoritariamente, líamos/lemos obras de homens brancos europeus e desconhecíamos/desconhecemos, sobretudo, os textos de mulheres negras? Por que não discutíamos/discutimos racismo estrutural? Por que só falávamos/falamos sobre racismo quase como um sinônimo da escravização de pessoas durante um passado colonial e não refletíamos/refletimos as expressões contemporâneas do mesmo? Por que não estudávamos/estudamos as resistências antirracistas? Por que não temos pessoas pretas, além da professora e de sua orientanda, numa turma com vinte estudantes? Em que momentos, para que e como nós, pessoas brancas, produzimos o racismo? Por quê? Quais são os lugares sociais ativados pela minha branquitude – longe de natural ou neutra?

O racismo que estrutura a nossa sociabilidade também atravessa as instituições, inclusive as de ensino superior. Como instrumento de inferiorização, desqualificação e de desumanização de pessoas não brancas, o racismo institucional é uma expressão da institucionalização do preconceito em instituições públicas ou privadas, por meio de comportamentos e práticas discriminatórias, sejam elas veladas ou não. Pressupor respostas para as perguntas lançadas acima requer o entendimento das manifestações do racismo e da branquitude. Algo que nós, brancas/os, temos secundarizado – e até negligenciado.

Após o mestrado, somente no doutorado em sociologia, em 2021, tive uma segunda aproximação com essa temática por meio da disciplina de "Racismo e Branquitude", ministrada pela professora doutora Geísa Mattos. Apesar de poucas aproximações, sigo pensando no quanto preciso aprender, refletir, problematizar, deixar-me inquietar, afetar, ser afetada, deslocar, lutar, mas, sobretudo, entender os privilégios acionados pela branquitude e a necessidade de pensarmos sobre justiça racial e não só social.

REFERÊNCIAS

AKOTIRENE, Carla. *O que é interseccionalidade?* Belo Horizonte, Letramento/ Justificando, 2018.

RIBEIRO, Djamila. *Lugar de fala*. São Paulo, Jandaíra, 2020.

O QUE FIZERAM DE MIM, E O QUE POSSO FAZER COM ELES?

Edgar Bendahan[23]

Toda escrita trespassa por episódios sobre os quais muitas vezes temos dificuldades de expressar em palavras e começam a fazer sentido no momento em que realizamos o íntimo exercício de nos debruçarmos sobre essa difícil arte de comunicação. Assim, para escrever este texto que fundamentalmente trata sobre as minhas vivências e minha autopercepção racial, foi extremamente importante pensar sobre meus antepassados, visto que nossa história é fruto também daquilo que aconteceu com estes que já não habitam o mesmo espaço-tempo que nós.

Talvez influenciado por Octavia E. Butler, em seu livro *Kindred: laços de sangue* (2004), ou mesmo por Ana Maria Gonçalves, em *Um defeito de cor* (2006), e percebendo como as histórias de nossos antepassados ecoam em nós, tal qual um tambor que habita o íntimo de nossas almas, buscarei pelos movimentos desses antepassados evidenciar aquilo que ressoa em minha pele.

Meu sobrenome tem uma característica que é fundamental para que talvez me identifique pela temática étnico-racial e procure evidenciar e desmantelar o racismo que habita em nós, para que de forma estratégica possamos avançar em busca de uma sociedade cada vez mais diversa e menos opressiva. Minha mãe resgatou o sobrenome Bendahan de minha bisavó. Sobrenome esse que estava em desuso na minha família, visto que nem meu avô (filho de minha bisavó) e nenhum dos irmãos dele ou qualquer outro membro da família havia perpetuado esse sobrenome.

---

[23] Doutorando em psicologia (Unesp). Mestre e graduado em psicologia (Unesp). Integrante do Núcleo de Estudos sobre Branquitudes (NEB) e dos grupos de pesquisa vinculados ao CNPq: Laboratório de Educação em Valores e Socioemocional (Lab_Educare-USP) e Psicologia, Subjetividade e Produção do Conhecimento. Pesquisa temas relacionadas à educação, desenvolvimento humano e relações étnico-raciais.

Mas, para cumprir uma promessa feita para a avó, minha mãe, rompendo a tradição de repassar o sobrenome paterno, resgatou o sobrenome de sua avó, Rosaria, e o fez ecoar por pelo menos duas gerações.

Minha avó Rosaria é moçambicana, assim como meu avô, e ambos traziam na pele a marca da negritude. Portanto, nosso sobrenome, apesar de não necessariamente ser um sobrenome moçambicano, materializa a continuidade sanguínea com um espaço geográfico tão próximo e ao mesmo tempo tão distante. Apesar de ainda hoje ter familiares em Moçambique, não sei de Moçambique nada muito além do que chega pelos veículos mais tradicionais de informação e das poucas histórias contadas por meu avô sobre o país.

Uma das histórias necessárias à construção deste texto fala do que foi impulso para que hoje os descendentes de meu avô habitem terras brasileiras. Ele nasceu em 1924, na antiga colônia portuguesa, e teve a infância vivida na capital, antiga Lourenço Marques, atual Maputo. Aos 18 anos, ele foi impedido de assumir um cargo público nos correios devido a questões raciais, visto que ele não teria realizado algo equivalente ao serviço militar no Brasil, pois somente pessoas brancas podiam fazê-lo. Isso o faz migrar para Portugal em busca de melhores condições de vida. Muitas coisas acontecem e, em 1958, meu avô chega ao Brasil. Aqui, ele é conhecido e reconhecido como português e não como moçambicano. E isso sempre foi uma inquietação que ainda hoje motiva parte de minhas pesquisas.

Sempre me reconheci como branco. E penso que em nenhum momento minha branquitude será questionada em qualquer lugar que vier a habitar em terras brasileiras. Essa ideia de me localizar enquanto branco evidencia, para além de uma delimitação conceitual deste ensaio, um reconhecimento étnico-político de pautar a mestiçagem e não deixar que o branco – eu – "esqueça" que é branco ao utilizar o fiel escudeiro da branquitude, a mestiçagem, para fortalecer a exclusão, visto que, apesar da evidente mistura genética da nossa população, a branquitude exercida de forma silenciosa no cotidiano importa e me privilegia de forma material e simbólica, pois privilegia determinados corpos desde o Brasil colônia até os tempos atuais. Seu destaque é necessário para que as estruturas concretas e subjetivas sejam desmanteladas e para que alternativas criativas para alterar o atual cenário de desigualdade racial sejam pensadas e realizadas.

Apesar de sempre ter me reconhecido enquanto branco, nem sempre foi evidente como essa característica fenotípica atravessou minhas relações sociais. Estava no terceiro ano da graduação em psicologia quando participei de uma iniciação científica. Essa pesquisa buscava comparar o desempenho acadêmico de estudantes que ingressaram pelo sistema de reserva de vagas e dos estudantes ingressos pelo sistema universal, pois essa parecia ser uma das questões para críticos das políticas afirmativas implementadas nas universidades brasileiras. Diziam que a qualidade do ensino nas universidades teria que cair para que esses estudantes conseguissem, de certa forma, "acompanhar o ritmo."

À época, eu não sabia quase nada sobre as políticas de ações afirmativas que estavam sendo implementadas pelas universidades e não tinha opinião formada sobre essas políticas. Minhas ideias eram perpassadas (não tão conscientemente) ora pela evidente noção de uma desigualdade racial/social que atravessa nossa sociedade, ora pelo discurso de meritocracia que, ancorado no fiel escudeiro da mestiçagem, dizia que se meu avô havia conseguido crescer economicamente, outras pessoas também conseguiriam se o quisessem e se esforçassem.

Ao me debruçar sobre os números da pesquisa, que investigou mais de 30 mil estudantes de graduação de todos os cursos e campus da Unesp, pude perceber de forma ainda mais evidente a crueldade do racismo estrutural, como define Silvio Almeida no livro *Racismo Estrutural* (2019), visto que existiam cursos em que nenhuma pessoa negra estava presente. Em um país racialmente dividido, esses números, em conjunto com outras leituras, me fizeram questionar ainda mais o discurso da meritocracia.

Também nesse momento da vida, morava em uma república com mais quatro amigos. Um desses amigos é um homem preto de Guiné-Bissau, que veio para o Brasil fazer faculdade. Em muitos momentos, compartilhamos e dividimos ideias, angústias, lutas e alegrias atravessadas pelas questões étnicos-raciais. Esse amigo, atualmente é dono da empresa Visto África, que tem como lema a frase "África não é um país". Essa frase foi importante para minha racialização em diversos momentos, pois evidencia o que Frantz Fanon, de forma mais sistematizada, procurou mostrar em seus livros quando pontua que a colonização e os colonizadores, para além da criação de um sistema de exploração de recursos e de mão de obra, também negaram sistematicamente a humanidade do outro, ou seja, daquele que é diferente dele (branco e ocidental).

E uma das formas de negar a determinados sujeitos a humanidade é retirando a sua individualidade, ou seja, o meu amigo preto e guineense se torna "o amigo africano do Edgar", já qualquer outro sujeito/amigue(a)(o) que tenha uma nacionalidade europeia seria identificado especificamente por seu país, o amigue(a)(o) francês ou inglês etc. Também foi esse amigo que em diversos momentos ressaltou durante nossas vivências cotidianas o racismo silencioso que atravessa nossa sociedade e ressoava em sua pele, mas que não era percebido por mim ou por qualquer outra pessoa branca de nosso ciclo.

Foi apenas no mestrado que me debrucei sobre as abstrações psicológicas que estudantes autodeclarados pretos construíram sobre o seu processo de inclusão e adaptação na universidade. Fui questionado sobre a minha brancura e como ela iria permear minhas interpretações e a pesquisa de modo geral. Assim, comecei uma intensa jornada por textos, livros e palestras que tratassem sobre a perspectiva da branquitude. Ao ler Neusa Santos Souza, Virginia Bicudo, Maria Aparecida Silva Bento e Lia Vainer Schucman comecei a ter a percepção de forma mais sistemática de como a brancura impacta diretamente as minhas relações cotidianas. E entendi que, apesar de minha descendência ser negra, a pele negra, que atravessa a minha história pessoal, se confronta com minha branquitude, pois todos os privilégios simbólicos da branquitude são absorvidos pela minha pele, facilitando que privilégios materiais também sejam absorvidos.

Foi também no ano de 2020 que ingressei no Núcleo de Estudos sobre Branquitudes (NEB), fundamental para minha percepção racial ser aprofundada, visto que, inicialmente, era um grupo composto apenas por pessoas brancas que discutiam textos e também pensavam e problematização das próprias vivências do dia a dia. Nesse grupo, fiz amigues e parceiras que carrego comigo nessa importante trajetória de identificação racial.

Hoje, acredito que mesmo assumindo posicionamentos contra o racismo, o machismo, o capacitismo e me opondo a qualquer ideia de superioridade intrínseca a um determinado grupo social ou ideia, os efeitos da estrutura social em que cresci e vivo não serão facilmente erradicados de meu corpo e de minha subjetividade, mas o fato de sonhar com um mundo mais democrático e acessível explicita que a minha/nossa luta é menos sobre aquilo que somos e mais sobre o horizonte ético-político que tenho/temos sobre nossas vivências cotidianas. Dessa forma, finalizo com algo que aprendi com Ailton Krenak (2019): se existem motivos para sonhar, existem motivos para adiar o fim do mundo.

REFERÊNCIAS

ALMEIDA, S. *Racismo estrutural*. São Paulo, Pólen, 2019.

BUTLER, O. E. *Kindred:* laços de sangue. Boston, Beacon Press, 2004.

GONÇALVES, A. M. *Um defeito de cor.* Rio de Janeiro, Record, 2006.

KRENAK, A. *Ideias para adiar o fim do mundo*. São Paulo, Companhia das Letras, 2019.

HERANÇA BRANCA

Andrea Esmeraldo[24]

A vida das pessoas e suas histórias são, para mim, fonte de profundo encantamento. Gosto de observar e apreciar o mundo e quem sabe é assim que componho meu modo de me relacionar com ele. É alternando o figurino e vivendo os papéis ora de observadora, ora de protagonista, ou de protagonista-observadora-protagonista, que consigo emprestar o meu olhar para essa que é uma das formas de se contar quem sou: alguém que demorou a compreender o próprio pertencimento étnico e que tem consciência de que isso é revelador de imenso privilégio branco. Mas vamos esperar um pouco, porque chegar a essa ideia de uma sujeita branca não é necessariamente linear. Então, começo misturando o que é avesso e direito. Ou melhor: enredando a cronologia das percepções.

Tento trazer um pouco de ordem para esta conversa, ainda que seja o suficiente para que ela possa ser inteligível. Com isso, reproduzo o jeito usual de contar histórias de vida. De onde venho? Sou fruto da composição de duas grandes famílias: minha mãe, com seus nove irmãos e família gregária e barulhenta, típica família urbana de classe média de Fortaleza que sabe de – e, de certo modo, até ostenta – suas raízes portuguesas, já que o vovô Zeca, meu bisavô, pai da vovó Nildes, veio de Portugal para cá de navio ainda recém-nascido junto da mãe e irmãs. Temos na sala uma fotografia. A Dindinha, Leonísia de Queiroz Machado, a quem conheci e guardo lembranças, era do Pará, tinha irmãs com quem minha mãe conviveu. De outra parte, sei que a mãe do vovô Timótheo era da Serra de Pacoti, se chamava Petronília, mas era conhecida como Iaiá, apelido que hoje me faz lembrar das senhoras de escravos.

---

[24] Doutoranda em psicologia (UFC). Mestra em psicologia (UFC). Graduada em direito (Unifor). Graduada em psicologia (Unifor). Atua em um Centro de Referência na Assistência Social em Maracanaú, na Região Metropolitana de Fortaleza, no Ceará. Pesquisa assistência social, psicologia social, mulheres, pessoas em situação de rua, criança e adolescente.

Assim é que a presença de Iaiá me confronta com uma ascendência marcada pelo povo que subjugou outros povos e viveu pela dor, suor, sofrimento e morte de muitas famílias que não tiveram a oportunidade de ter história a contar. A diáspora negra arrancou da África famílias, modos de vida, culturas e afetos. É doloroso saber que minha ancestralidade é atravessada por essa história. Me volto ao samba e ecoa em mim "a história que a história não conta". E não se conta porque nos acostumamos a anistiar os detentores das amarras enquanto somos perversamente cruéis com aqueles de quem tudo foi tirado.

Ontem, ouvia Cida Bento falar sobre herança branca. Minha herança branca é a herança do uso do poder para benefício próprio. Uso da força para o massacre de povos negros e indígenas que aqui no Brasil sofreram e sofrem apagamento.

Nunca esqueço de um diálogo com a professora Zelma Madeira, em que falávamos sobre famílias de terreiro, que se constituíram e muitas vezes substituíram as famílias biológicas que foram desmembradas, desagregadas no processo de diáspora e escravidão. Terreiros que de maneira tão contundente as pessoas de bem, pessoas brancas para quem o direito à espiritualidade faz parte de um latifúndio, teimam em desqualificar e violentar. Pensar que faço parte dessa massa me é extremamente vergonhoso.

Mas voltemos à história. A família Esmeraldo também conta histórias de terras lusitanas e até tem um brasão. Meu pai, com os seus também nove irmãos, têm sua origem na região do Cariri, de onde vovô Evangelista e vovó Judith saíram em busca de oportunidade no sertão Central do Ceará e se instalaram em Senador Pompeu e Pedra Branca.

Em meio ao AI-5, ditadura militar, eu venho ao mundo. Costumo dizer que foi por escolha própria, já que antecipei a data e talvez tenha alterado o rumo da prosa. Talvez tenha estragado os planos de um feriado na cidade de Natal. Por conta da prematuridade, tive que ficar em Natal até aproximadamente os dois meses de vida. Lá, na casa dos meus tios Hermano e Maurinete, se constituiu um vínculo muito forte que, certamente, me deu oportunidade de olhar para a vivência de raça de uma maneira muito afetuosa, ainda que combativa. Foi com minha tia que aprendi sobre as vivências raciais e seus enfrentamentos.

Quando criança, a experiência de raça ainda não era inteligível, a não ser pelas tranças de raiz que me eram impossíveis. Já minha primeira experiência de sentir o racismo no corpo foi na adolescência, durante umas férias em São Paulo, quando, a caminho de um shopping, um carro da Rota (um batalhão da Polícia Militar de São Paulo conhecido por sua violência) para ao nosso lado e aponta armas em nossa direção. Em meio ao inusitado daquela situação para mim, ouço meu primo dizendo: nosso carro só tem preto! O corpo alvo não era o meu! E o terremoto no meu juízo me calou. Hoje, percebo a violência de viver o racismo pela pele de outras pessoas. Essa é minha herança branca!

Eu incorporava os ensinamentos de sobrevivência ditados por minha tia: "Não saiam sem os documentos", "andem bem vestidos", ainda que não fossem direcionados a mim. E, até muito recentemente, eu era afetada pela ideia de uma certa democracia racial, que me fazia olhar para meus familiares e pensar que não sou negra, também não sou indígena e não sou branca. Me restava, então, a alternativa de ser parda. E assim foi por algum tempo. Essa ideia estava dissociada do contexto de racismo que limita oportunidades e empurra para a morte pessoas pretas e pardas todos os dias. Era uma ideia um tanto fora da realidade que descobre o mundo pelo próprio umbigo. A diversidade miscigenada de nossas famílias é um mero elemento no caldo identitário de nossas relações. Neste Brasil, a racialização é orientada por nossas características fenotípicas e não por nossa genética. É pelo olhar alienígena que se julga quão humana é uma vida e a sentença sobre quem vive e quem morre, quem tem direito à beleza, à autoestima, ao consumo e ao amor é ditada pelo cabelo, pela cor da pele e pelos lábios.

Assim foi que, ao me despir, sendo confrontada com as aparentemente sutis formas de tratamento, que o lugar da raça e dos privilégios me fez, consigo me autodescrever como uma mulher branca. E, desse lugar, espero conseguir produzir tensões em mim e em outras pessoas brancas para que o reconhecimento de nossos imensos e opressores privilégios seja o impulso para desconstruí-los.

CAPÍTULO 4

Questões de Raça e Classe

ACESSANDO AMBIENTES DE BRANQUITUDE

Fábio Macedo[25]

Reconheço-me nesta escrita como um jovem homem cis e branco. Apesar de ter a pele clara, não pertenço "naturalmente" à branquitude. Nasci no município de Caucaia, na Região Metropolitana de Fortaleza, estado do Ceará. Durante minha infância e adolescência morei em um bairro na periferia, proveniente de uma família de origem social de classes populares e inter-racial. Meu pai, um homem branco e operário da construção civil, minha mãe, uma mulher negra, não retinta, trabalhando com serviços domésticos, sendo também uma típica chefe de família. Cresci e sobrevivi na periferia da periferia de Fortaleza, território marcado pela escassez e forte desigualdade de condições sociais objetivas de existência. Uma realidade imposta a milhares de famílias pobres que sobrevivem às margens de um sistema que reforça uma estrutura de "ideias fora do lugar e do lugar fora das ideias" (Arantes; Vainer; Maricato, 2013).

Nós morávamos em uma casa de "mutirão", tipo de habitação popular comum nas grandes periferias das cidades do Nordeste brasileiro. Nesse contexto, eu estudei em escolas públicas da rede de ensino básico. Pela condição familiar socioeconômica de poucos recursos, assim como vários outros meninos do meu bairro, não tive, quando criança, o acesso a espaços e experiências de privilégios de classe, como estudar em colégios de elite, ir a clubes esportivos frequentados pelas altas rodas da sociedade local e outros ambientes similares, podendo fazer usufruto de práticas e sociabilidades de lazer.

Essas atividades eram tipos de coisas – ou como diria Bourdieu (2007) de "capitais" – e de práticas que não faziam parte do território da minha origem social, do meu mundo de vida. As formas de lazer que praticava

---

[25] Doutorando em sociologia (UFC). Mestre em sociologia (UFC). Graduado em ciências sociais (Uece). Pesquisa espaços urbanos, elites, classe média, raça, branquitude, esportes, desigualdades e sistema de privilégios.

eram na própria rua onde morava com meus primos e vizinhos. O bairro onde cresci e morei toda minha adolescência não tinha sequer uma pracinha onde a meninada pudesse se divertir no final da tarde ou nos finais de semana. Jogar bola, brincar de pau na lata, bila, pião, pipa e carimba eram nossas opções. Durante a adolescência fui me tornando mais dedicado aos estudos, era classificado como "bom aluno", menino "esforçado", "estudioso", "interessado". Meu "desempenho escolar" chamava atenção de algumas professoras (geralmente mulheres brancas e de classe média) que ensinavam nas escolas públicas onde estudei.

No ambiente escolar o perfil social dos estudantes era em sua maioria de meninos e meninas pobres, que viviam em condições econômicas muito precárias, sendo grande parte deles e delas criadas por mães solteiras que garantiam o sustento da família fazendo serviço doméstico fora de casa ou que recebiam algum benefício dos programas de assistência social, como o Bolsa Família. Embora eu fosse um menino de cabelos crespos (que os primos chamavam "pipoquinha"), sempre tive uma cor de pele mais clara entre os meus. Hoje ao rememorar e escrever esse trecho da minha narrativa autoetnográfica observo que, embora naquela época não tivesse consciência, eu fui incorporando uma performance de vantagem racializada ao me socializar em espaços de mistura em geral com pessoas brancas e de classe média e alta. Mesmo vindo de uma origem social com baixo capital econômico, ao incorporar hábitos e maneiras de pensar, sentir e agir como uma pessoa branca, passei a circular gradualmente entre ambientes de privilégios de uma branquitude.

Apesar de ter um fenótipo de branco, mas não totalmente branco, minha performance racial incorporada e situada me permitiu um determinado acesso em ambientes percebidos como "naturalmente" compostos pela branquitude em Fortaleza. Um desses espaços foi a universidade pública. Que apesar de ter se tornado um ambiente um pouco mais diverso a partir dos governos do Partido dos Trabalhadores (PT), ainda se configura como um espaço de privilégios de pessoas brancas e de classe média alta, como destino quase que "natural" destas. Minha batalha pela aquisição de um capital escolar/educacional e científico se fortaleceu na universidade. A disposição para essa luta advinha dos vários estímulos que eu recebia das professoras do tempo de escola, sempre em porções simbólicas bem maiores das que meus amigos recebiam (crianças de famílias negras e pobres).

Esses registros de socialização e autossocialização que me deslocaram da "periferia" para o "centro" revelam um campo de conexões a partir das quais hoje penso meu próprio processo de racialização na cidade. Situações e condições que fazem parte da minha história incorporada como sujeito localizado no tempo e no espaço. Foi durante o meu mestrado em sociologia, quando comecei a discutir com minha orientadora, professora Geísa Mattos no PPGS/UFC, sobre o sistema de privilégios da branquitude no bairro Aldeota e a fazer etnografia nos espaços urbanos de elite na cidade de Fortaleza, no Nordeste do Brasil, é que fui percebendo a questão, a partir das leituras ferramentas que foram me auxiliando a elaborar este processo.

A repercussão desse encontro foi sendo aprofundada à medida que fui formulando uma abordagem racializada na condução do meu trabalho de campo etnográfico com a classe média alta branca do bairro da Aldeota na cidade de Fortaleza durante 2019 e 2020 (Sousa, 2021). A partir desse momento, quando comecei a problematizar os territórios das elites com um olhar sobre as práticas sociais nesse território, percebi que além da dimensão de classe social, o modo como também performavam raça era tão estruturante. Nesse itinerário, fui percebendo a mim mesmo como sujeito, jovem pesquisador, etnógrafo urbano implicado nesse contexto, incorporando uma performance racializada na cidade. Foi quando tive o *insight* de que os lugares que eu frequentava sempre foram "ambientes de branquitude" e neles sempre agi, pensei e fui percebido como branco, apesar de não pertencer do ponto de vista da origem social à branquitude local. Sendo reconhecido nestes espaços como "branquinho".

Em dezembro de 2021, quando retomei algumas atividades de pesquisa de campo, fiz um passeio etnográfico pelo bairro Meireles, um dos bairros mais ricos da capital cearense, um extenso percurso caminhando livremente pela Orla da Beira Mar. Durante o deslocamento de ida ao local, fui lembrando das relações que mantive durante a infância com o lugar. Minha família trabalhava para uma família de classe média branca em Fortaleza. Apesar de serem mulheres brancas, minha avó era cozinheira e minha tia babá. Meus pais haviam trabalhado há alguns anos como caseiros em um sítio que ficava em uma antiga região de veraneio próximo à Praia do Icaraí em Caucaia, Ceará. O local era propriedade da mesma família.

Desses contatos, passei a frequentar a casa dessa família também em Fortaleza, visitando-os especialmente durante as férias escolares. Eu era levado pela minha tia para brincar com um menino de classe média. Eu fui assim sendo levado a frequentar e conhecer a vida privada dessa família. Fui sendo incluído na sociabilidade de ambientes da cidade frequentados e consumidos por eles como a beira-mar, assim como aniversários em bufês particulares de festas infantis, cinemas, shoppings, barracas de praia, em especial na Praia do Futuro, lojas de brinquedos caros, além da própria casa da família onde eles faziam aos finais de semana as especiais feijoadas e churrascos, com muita cerveja e bebidas caras, além dos banhos de piscina com os amigos da família.

Recordo que esses espaços sociais eram usufruídos majoritariamente por gente branca. Eu brincava e aproveitava muito essa experiência, sem saber que era ali um "*outsider within*" (Collins, 2016). Durante as estadias na casa da família de classe média branca, as idas à beira-mar eram frequentes. Os passeios aos finais de semana pela orla da praia do Meireles até a "Volta da Jurema" no início da praia do Mucuripe eram verdadeiros *points* de lazer e passeio que, além de espaço de visitação de muitos turistas, foi nessa época marcado por tipos de consumo de lazer de famílias de classe média de Fortaleza (lembranças que tive na ida para o campo).

Ali aprendi também com eles um pouco de seus hábitos e estilo de vida, aprendi como me portar nesses ambientes. Fui sendo ensinado a como utilizar os talheres à mesa, entre outros rituais da vida cotidiana, preservados por uma típica sociedade de classe média. Apesar de naquela época não ter consciência disso, minha cor de pele mais clara (classificada em alguns contextos como "pardo" ou "branquinho") me fez acessar esses lugares frequentados pela "nata" de Fortaleza. Hoje percebo que mesmo havendo uma marca de distinção de origem social, isto é, de classe, as performances e ambientes raciais com as quais eu me socializei com essa gente foram definidoras de acesso e possibilidade de relações com determinados tipos de atividade sociais em ambientes racializados pela "branquitude".

A minha cor de pele e os aprendizados que tive nesses tipos de socialização, incorporando linguagens e comportamentos dessa gente sociável me permitiram um acesso ao mundo de vida da branquitude convivendo com e entre eles em lazeres litorâneos. Percebi isso de maneira muito forte durante as leituras e reflexões, às vezes tensas, difíceis e provocativas da disciplina "Racismo e Branquitude" que cursei no PPGS/UFC, sendo ministrada pela professora Geísa Mattos. O curso em especial me fez consolidar um instrumental analítico neste campo e no meu processo de refletir sobre minhas vivências raciais na cidade.

Como pesquisador percebo isso como um trabalho contínuo que nunca acaba, mas que sempre estou retomando a partir de novos pontos de partida que trazem à superfície da pele aquelas camadas mais profundas de uma subjetividade incorporada como estruturação de poder e privilégio de performances de classe, gênero e raça na cidade. Venho exercitando a construção dessas reflexões como objeto da minha escrita na pesquisa, com as implicações que isso traz do ponto de vista político, teórico e metodológico.

REFERÊNCIAS

ARANTES, Otília; VAINER, Carlos; MARICATO, Ermínia. *A cidade do pensamento único:* desmanchando consensos. Petrópolis, Vozes, 2013.

BOURDIEU, Pierre. *A distinção:* crítica do julgamento social. São Paulo, Edusp; Porto Alegre, Zouk, 2007.

COLLINS, Patricia Hill. Aprendendo com a *outsider within:* a significação sociológica do pensamento feminista negro. *Sociedade e Estado, Brasília,* v. 31, n. 1, p. 99-127, 2016.

SOUSA, Antônio Fábio Macedo de. *"Um lugar muito de branco":* performances de classe e raça na Praça das Flores em Fortaleza. Mestrado em sociologia, Programa de Pós-Graduação em Sociologia, Centro de Humanidades, Universidade Federal do Ceará, Fortaleza, 2021.

PERCEBER-SE BRANCO NO PAÍS DA MESTIÇAGEM

Thiago Silva de Castro[26]

A universidade seguramente representou em minha trajetória a entrada em outro mundo, bastante diverso do que eu vivia até então. Membro de uma família de classe popular, moradora do subúrbio da cidade de Sobral, na região norte do estado brasileiro do Ceará, eu sempre desejei sair daquele lugar, ao mesmo tempo simbólico e material.

Graças aos empenhos de meu pai – um sindicalista que, após passar a maior parte da vida na zona rural do município cearense de Canindé, migrou para o centro urbanizado mais próximo – e minha mãe – uma mulher de origem semelhante que só cursou o ensino fundamental – tive a oportunidade de entrar em uma universidade pública de minha cidade. Não sei se, quando colegial, fiz parte da turma burra, como narra Ruth Behar em "Biography in the Shadow" no livro *Translated Woman* (1994) em sua experiência de garota cubana nos Estados Unidos, que considera imigrantes minorias sociais inferiorizadas. Mas levando em conta que as escolas públicas onde estudei sempre sofreram com a precariedade em todos os níveis, talvez eu possa entender um pouco o que ela quis dizer, resguardadas as devidas proporções.

Em mais uma tentativa de comparar minha trajetória com a de Behar, posso dizer que minhas primeiras autopercepções no interior do universo acadêmico foram também a de uma espécie de *outsider*. Mas, ao contrário da autora, que já tinha uma intenção estabelecida e já vislumbrava um caminho a ser percorrido, eu não sabia bem o que queria. Fiz vestibular para ciências sociais da Universidade Estadual Vale do Acaraú (UVA) porque, de acordo com um teste vocacional su-

---

[26] Doutorando em sociologia (UFC). Mestre em antropologia social (UFRN). Especialista em Gestão de Organizações Sociais (UVA). Bacharel em ciências sociais (UVA) com formação pedagógica em sociologia. Pesquisador vinculado ao Núcleo de Pesquisas sobre Sexualidade, Gênero e Subjetividade (NUSS/UFC).

gerido por uma professora de literatura a quem muito devo, a área social era uma de minhas inclinações.

Passei ao menos dois semestres tentando me adaptar à carga de leituras e complexidade das discussões acadêmicas, em função das lacunas deixadas por minha formação anterior. Notava que parte de meus colegas – aquela que mais se destacava nos trabalhos – vinha de experiências escolares distintas, construídas em escolas particulares em suas cidades, onde a prática da leitura me parecera ter sido incentivada desde cedo. Não demorei a me dar conta de que existiam outras pessoas como eu. Porém, formávamos uma minoria naquele lugar.

Ironicamente, a despeito das dificuldades narradas, hoje percebo que só consegui adentrar esse espaço porque sou privilegiado. Convivi com várias pessoas com trajetória semelhante à minha que tiveram destino bastante diferente. Da criminalidade, passando pelo subemprego até a morte.

A atividade sindical de meu pai, com o tempo, colocou a mim, minha mãe e meus irmãos em um lugar diferente daquele ocupado pelas outras famílias com quem convivi na infância. Apesar de nunca termos sido abastados, depois de anos de dificuldade, os tempos se tornaram mais prósperos. Pude, então, transitar pelo território do bairro onde fui criado tendo a certeza de que eu não era mais igual a muitas das crianças e adolescentes com quem havia brincado nos terreiros da vida.

A alteração do capital simbólico de minha família certamente também nos propiciou um determinado *habitus*, que, por algum motivo, nos distanciou das experiências anteriores, sem que isso, no entanto, nos privasse de nossas raízes de classe – talvez pela limitação do acesso a determinado capital cultural, como o sociólogo francês Pierre Bourdieu também encontrou em suas pesquisas publicadas no livro *A Distinção: crítica social do julgamento* (2008). Mas, de todo modo, havia agora uma fronteira como a que Ruth Behar (1994) identificou ao refletir sobre a própria vida após etnografar a da vendedora mexicana Esperanza. Fronteira essa que, no meu caso, assim como no da autora, parece ter se ampliado depois da inserção de alguns anos no meio acadêmico, convivendo com gente acadêmica.

Para além das questões narradas, um outro privilégio – esse entranhado na História de nosso país – me foi dado logo no nascimento: nasci branco no seio de uma família de traços mestiços. Evidentemente, em um país como os Estados Unidos, por exemplo, minha tonalidade de pele e pertencimento étnico jamais me dariam essa prerrogativa, mas no Brasil, onde, como diria Oracy Nogueira (2006) em clássico artigo sobre o tema, o preconceito racial é de marca, ter nascido com uma tonalidade de pele mais próxima do que se costuma considerar por aqui como branco me faria certamente avançar algumas casas no jogo da vida à brasileira.

Nesse sentido, nunca precisei enfrentar discriminações ligadas a tal aspecto. Meus obstáculos estiveram sempre mais relacionados à minha sexualidade, vista como dissidente, pois meu jeito diferente, talvez decodificado como "mais identificado com as meninas", costumava incomodar as masculinidades tóxicas estimuladas em nossa sociedade desde a mais tenra infância. Isso, sim, fazia da minha vida um pouco infernal, sobretudo na escola, lugar que, como narra Megg Rayara Gomes de Oliveira em seu livro *O diabo em forma de gente: (re)sistências de gays afeminados, viados e bichas pretas na educação* (2020), mais violenta simbolicamente pessoas que escapam às normas hegemônicas da heterossexualidade dominante, conscientes ou não de tal condição. Mas, por mais cruel que possa parecer, apesar de todas as violências, chacotas e hostilidades pelas quais costumam passar uma pessoa LGBTI+, hoje percebo que, dentre outros aspectos, minha cor me protegeu de muitas coisas, pois, como constata a própria Megg Rayara em sua pesquisa, as bichas pretas sofrem mais. O corpo negro parece potencializar todo e qualquer preconceito, como a convivência com meu esposo – negro e, como ele mesmo se define, afeminado – tem me feito perceber todos os dias na prática.

Cresci ouvindo as pessoas dizendo o quanto eu era uma criança bonita, fofinha e especial. Que parecia filho de rico, como até meu pai já expressou em tom de orgulho certa vez. Nunca entendi bem o porquê, mas essas coisas sempre me provocaram um incômodo, que parecia apenas fruto de timidez, mas nunca cessava. Uma das histórias mais impactantes que já me contaram sobre minha vida quando bebê – e que, francamente, penso que preferia nunca ter sabido – foi a de como uma estranha confundiu minha mãe com minha babá.

Minha mãe estava dando uma volta comigo no carrinho e, então, uma mulher se aproximou e perguntou isso sem qualquer cerimônia ou hesitação. Por anos, essa história rondou as reuniões familiares como um fato tragicômico que me fazia corar de vergonha diante da estranheza e perversidade do processo social que levou a mulher em questão a inferir que eu seria filho de alguém rico e – o que é praticamente sinônimo – branco da cidade de Sobral. Anos depois, eu viria a entender que a ação dessa mulher desconhecida não ocorrera por obra do acaso. Com um pouco de "sorte", ainda hoje é possível vermos casais branquíssimos acompanhados por jovens mulheres de pele mais escura que cuidam da prole dos patrões enquanto estes conversam ou fazem um lanche. Eu mesmo vi essa cena na praça de alimentação do shopping center da cidade há alguns meses.

Há, entretanto, um fato curioso nisso. Mesmo com tudo e todos apontando para minha branquitude, foi apenas em uma aula, quando fazia uma especialização na universidade na qual me graduei, nos idos de 2013, que me descobri branco em nossa sociedade. A certa altura da discussão, sobre o que eu não me recordo, a professora, que se autodeclarava negra, me olhou e disse: você, branquinho assim, certamente não deve ter sofrido preconceito algum. Em certa medida, ela estava realmente certa, já que o comentário só levava em conta as questões raciais.

Poderia dizer que o efeito disso foi semelhante à analogia cunhada pela pesquisadora Edith Piza (2002), na tentativa de explicar o impacto de perceber-se, pela primeira vez, racializado. Foi como bater de frente com uma porta de vidro, sentir a dor, o susto e se surpreender por não ter reparado nos contornos da porta que sempre estiveram lá, a denunciá-la. Nunca consegui esquecer desse fato, que me desestabilizou e levou anos para ser plenamente elaborado. Até então, havia me pensado como pardo, considerando meu núcleo familiar imediato, que não representa o branco-branco, com ascendência europeia ou norte-americana, utilizando aqui um termo analítico desenvolvido pelo sociólogo Lourenço Cardoso (2014) com o intuito de refletir sobre as diferenças raciais reivindicadas pela branquitude com base na origem. A partir de então, entendi que me reconhecer como branco e privilegiado por isso seria imperativo ético, um passo importante para compreender o fosso das relações raciais no Brasil.

Depois do acontecimento narrado, outro fato que certamente me colocou de frente com meus privilégios e os do grupo de pessoas com quem passei a conviver depois da faculdade foi meu relacionamento com uma pessoa negra. Meu esposo, como apontei anteriormente, traz no corpo uma dupla estigmatização. Como ele mesmo se define: é uma bicha preta e afeminada.

A postura dele destoa voluntariamente da imagem do gay higienizado – branco, heterossexualizado e de classe média – que é vendida nas telenovelas, *reality shows* e propagandas como algo mais palatável ao público heterossexual e de cultura predominantemente cristã consumidor de tais produtos. Começamos um namoro à distância, depois de termos nos encontrado em Natal, no Rio Grande do Norte, na casa de um conhecido. Enquanto estávamos distantes (eu no Ceará e ele em Minas Gerais), tudo parecia tranquilo, todos pareciam apoiar e incentivar nossa relação. Mas, a partir do momento em que ele pisou em Sobral para não mais voltar a Uberlândia, onde residia, as coisas pareceram mudar de figura.

Pessoas muito próximas a mim, mesmo sem conhecê-lo em profundidade, começaram a apontar defeitos na personalidade dele, demonstrando não ter simpatia e usando argumentos dotados de ambiguidades e imprecisões. Comecei a perceber um certo esforço para que eu me separasse dele e, como isso não ocorreu, essas pessoas simplesmente se afastaram de mim depois de anos de uma relação de proximidade. Deixaram-me o benefício da dúvida acerca de seus motivos, mas algumas certezas sobre o universo do qual partilhávamos até então.

Eu convivia com pessoas em maioria brancas e de classe média que conhecera na universidade. Gente que, apesar de se considerar bacana e progressista, tinha dificuldade de conviver com o que era diferente para além dos discursos de uma branquitude que se considerava crítica, mas não abria mão de seu lugar de privilégios simbólicos, subjetivos e objetivos, para retornar mais uma vez às reflexões de Lourenço Cardoso (2010).

Éramos todos "brancos Dráculas" (Cardoso, 2014), que não precisávamos nos enxergar nem questionar os privilégios que nos rondavam e cuja ação vampiresca ajuda nutrir as desigualdades que ainda imperam no país; ou quem sabe brancos Narcisos, que enxergavam somente a própria imagem congelada como expressão de tudo o que é belo, puro e superior.

Nesse sentido, hoje interpreto que para essas pessoas, talvez, unir-me a alguém não branco, nos termos aqui utilizados, parecia ser sinônimo de tornar-se simbolicamente "impuro", já que nesta sociedade o branco sempre simboliza o bem e a pureza, e o negro o mal e a impureza, ainda mais se estiver em um corpo cujas referências de sexualidade são interpretadas como dissidentes, conforme aponta Megg Rayara Gomes de Oliveira (2017). Ao me deixar misturar com um corpo negro, pareço ter automaticamente deixado de compor o grupo narcísico de privilegiados.

Após essas experiências, hoje percebo-me cruzando a fronteira simbólica. E, se por um lado, esse cruzamento não me faz ser o que já fui um dia (antes de entrar em uma faculdade), parece me fazer enxergar a experiência do outro a partir de um olhar mais apurado sobre mim mesmo – sobre meus próprios percursos.

Perceber que, apesar das dificuldades, sempre fiz parte de um processo social que, como constata a psicóloga Lia Schucman (2014), tende a manter os brancos em melhores lugares que os não brancos, mesmo que tal lógica não se veja como racista, me faz pensar no quanto a vida ainda precisa ressignificar práticas e discursos.

Uma jornalista que gosto muito, chamada Eliane Brum, uma vez escreveu que, no Brasil, o melhor branco só consegue ser um bom sinhozinho, posto que em geral não está disposto a perder um milímetro sequer de seus privilégios e tende a considerar os direitos das pessoas negras como uma concessão, fruto da benevolência de quem tem os direitos tratados como cláusula pétrea desde sempre.

A tarefa de reconhecer tal postura nos coloca diante de dilemas nada insignificantes e nos empurra direto para um quarto espelhado, onde somos obrigados a apreciar permanentemente a nossa própria imagem, o que nem sempre é agradável. Apesar disso, entendo que a encarar se faz inevitável se o nosso desejo de mudar a perversa lógica racial brasileira não for meramente retórico. É preciso começar por algum lugar, e o ponto de partida é certamente esse.

REFERÊNCIAS

BEHAR, Ruth. Biography in the Shadow. In: *Translated Woman*. Boston, Beacon Press, 1994.

BOURDIEU, Pierre. *O senso prático*. 2.ed. Petrópolis: Vozes, 2011.

CARDOSO, Lourenço. *O branco ante a rebeldia do desejo*: um estudo sobre a branquitude no Brasil. Tese de doutorado. Universidade Estadual Paulista Júlio de Mesquita Filho, 2014.

CARDOSO, Lourenço. Branquitude acrítica e crítica: a supremacia racial e o branco antirracista. Manizales, Colombia, *Revista Latinoamericana de Ciencias Sociais,* Ninez e Juventud. V. 8, n. 1, enero-junio, 2010.

NOGUEIRA, Oracy. Preconceito racial de marca e preconceito racial de origem. *Tempo Social*, v. 19. n. 1. nov. 2006.

OLIVEIRA, Megg Rayara Gomes. *O diabo em forma de gente*: (R)existências de gays afeminados, viados e bichas pretas na educação. Tese de doutorado. Curitiba, Programa de Pós-Graduação em Educação da Universidade Federal do Paraná (UFPR), 2017.

PIZA, Edith. Porta de vidro: entrada para a branquitude. In: BENTO, Maria Aparecida & CARONE, Iray. *Psicologia social do racismo*: estudos sobre branquitude e branqueamento no Brasil. Petrópolis, Vozes, 2002.

SHUCMAN, Lia. Branquitude e poder: revisitando o medo branco no século XXI. *Revista da ABPN*, v. 6, n. 13, mar-jun. 2014.

DESCOLONIZANDO A ANCESTRALIDADE

Luan Matheus dos Santos Santana[27]

Um dia, eu disse que vim de um lugar onde não é possível sonhar. Se, por um lado, essa afirmação tem muito de verdade, por outro, tem muito de ilusão. Decerto não há como ser tão determinista.

Revisitando o Luan de vinte anos atrás com os olhos do Luan de hoje, me vejo sentado no batente de casa, que antes era da minha bisavó paterna, na cidade Piripiri, interior do Piauí. A casa devia ter perto de cem anos. As paredes de barro denunciavam a idade e as histórias ali erguidas.

Foi nesse cenário, na sombra de um pé de azeitona roxa que hoje não existe mais, que viajei para os mais distantes lugares que minha imaginação podia levar. Tive casas, carros, empregos, filhos, confiança. Eu sonhei! Mas o chamado de mãe ou pai me acordava pra dizer: a vida real é aqui. Então, aquilo não passava de uma ilusão.

Sou filho único de pais operários: mãe agricultora rural e da indústria da confecção e pai da indústria da refrigeração. O dinheiro não chegava com tanta facilidade em casa. Dividir os estudos com o trabalho doméstico e ajudar meu pai na oficina era uma rotina que me parecia normal. Gostava de ler (ainda gosto), mas gostava mais de olhar as coisas. Observar calmamente o tempo. Ouvir atentamente os sons. E falar pouco.

Tive uma infância e adolescência dividida entre Teresina, a capital do Piauí, Piripiri e Caldeirão, um povoado na zona rural da cidade e território que foi abrigo de muitos povos indígenas fugidos da grande seca de 1930. Correr na rua, jogar peteca, empinar pipa, subir no pé de umbu, quebrar castanhola, banhar no açude. Tudo era permitido. Era

---

[27] Doutorando em comunicação (UFC). Mestre em comunicação (UFC). Especialista em Marketing e Mídias Digitais (FAR). Jornalista. Educomunicador popular pela plataforma *Ocorre Diário*. Pesquisa redes comunicação e direitos humanos, decolonialidade, atravessamentos ético-raciais na comunicação, dispositivos móveis, webjornalismo e comunicação social.

real. Mas pelos dedos que acertavam a peteca no buraco escorregavam também os sonhos que não pude ter. Acostumei a acreditar que a vida era assim mesmo, apesar de não estar conformado.

Na festa mais tradicional de Piripiri, os festejos de Nossa Senhora dos Remédios, a cidade toda se encontrava na praça principal. Naquele momento, era possível ver que, mesmo em um lugar tão pequeno, a desigualdade pulsava como pulsa nas grandes cidades: os mais ricos em carros de luxo, os mais pobres a pé. Todos na mesma direção, mas de modos diferentes. Todos se encontrando no mesmo lugar, mas quase tudo parecia separar: as roupas, o olhar, o jeito de andar.

Dessa observação, veio talvez a primeira grande inquietação da minha vida: por que uns podem ter tanto e outros nada? Deveria ser um crime uma criança de 10 anos precisar pensar sobre isso. Decerto, eu entendia que algo estava errado. Porém, não sabia o quê. Uma biblioteca pública, que ficava a uns cinco quarteirões da minha casa, me ajudou a entender algumas coisas. Lá, eu viajei ainda mais – agora com a voz de outros. Encontrei caminhos, me perdi por eles; encontrei respostas, desfiz perguntas.

Assim, a inquietação sempre me acompanhou. As perguntas eu tinha; as respostas, não. Pelo menos não a maioria. Mas eu seguia perguntando, aprendendo, observando... Mesmo sem respostas, no fundo eu sabia que o mundo parecia injusto demais pra ser bom. Até aí, a cor da minha pele nunca foi sequer posta para reflexão. Nem esse direito me deram. É como se a desigualdade que eu tanto vivia/observava/inquietava fosse baseada apenas entre ter dinheiro ou não ter.

Veja só: eu resolvi que queria ter dinheiro! Na mente de um pré-adolescente, isso resolveria os problemas da minha família. Como não havia caminho fácil, estudar talvez fosse o único possível. Em 2008, o vestibular ainda era aquele tradicional e a Universidade Estadual do Piauí (UFPI) tinha acabado de implantar o sistema de cotas. Eu optei por não aderir, por medo de reduzir minhas chances. Surreal, mas foi isso. Na posição 33 de 40, eu entrei. Na ponta do pé, olhando sobre o muro, consegui enxergar meu pedacinho de sonho. Foi quando as minhas percepções começaram a mudar.

Seguia estudando e trabalhando, como fiz na minha infância e adolescência. Pousei na casa da minha avó paterna, que me deu o suporte necessário para chegar onde cheguei. Sem isso, sustentar um curso de quatro anos com R$50 por mês, porque era isso o que meus pais conseguiam me mandar, seria impossível. No segundo semestre, comecei a estagiar. Mais por necessidade do que por conhecimento. Uma rotina que me trazia cansaço, mas também condições de permanecer.

Como cria da educação pública, passei a trilhar caminhos e encruzilhadas que me levaram a defender aquela universidade como defendia minha casa. Nesse processo, o jornalismo me abraçou sem que eu pudesse resistir. Logo, encontrei corações inquietos como o meu. Andarilhos, pulando de lugar em lugar em busca do sol. Militante do movimento estudantil, fui presidente de Centro Acadêmico, Coordenador Nacional da Executiva Nacional dos Estudantes de Comunicação Social – Enecos, articulador de campanhas locais e nacionais... A minha bolha estourou e as percepções sobre o meu 'eu' também.

Foi ainda na graduação, por meio do movimento estudantil, que fui apresentado a discussões como desigualdade racial, racismo, machismo e direitos humanos. Organizando e participando de eventos acadêmicos e encontros estudantis, fui pra rua, saí da zona de conforto, muito embora nunca tenha estado nela literalmente. Confrontei poderosos e a mim mesmo. O racismo se colocou, primeiramente, como algo exterior a mim, mas, misteriosamente, sempre esteve presente nas minhas experiências.

Essa trajetória também foi fundamental para minha compreensão como profissional. A inquietação e o senso crítico aos temas do cotidiano da cidade me ajudam a pensar fora da caixa, mas também me instigam a ir além do convencional. Passei por muitos lugares, conheci muitas pessoas e comecei a sentir um vazio que antes não habitava meu corpo. Frequentar e trabalhar em espaços majoritariamente brancos foi uma experiência que, mais uma vez, moveu minhas percepções.

Um vazio existencial que negava minha origem, minha raça, meu povo. Que, por muitas vezes, me embranqueceu e por outras tantas me deu passabilidade para acessar lugares negados para os meus. Sem pele retinta, o racismo me atravessou como um véu, encobrindo sua violência estrutural brutal e deslocando a culpa para outros lugares e sujeitos.

Aos poucos, fui identificando nas teorias e pesquisa científica uma forma de me encontrar. Achei bell, Fanon, Conceição, Carolina, Clovis, Milton, David, Ailton e tantos outros e outras que não abriram apenas janelas, mas portas. Passei a refletir sobre minha prática e vida, a propor caminhos, a pensar soluções, enfim, achar as respostas às tantas perguntas que guardava na minha cabeça. Me joguei de peito aberto. É como nos lembra Alberto Efendy Maldonado Torre: nas pesquisas, "sem paixão, o pouco que aflora resulta enfadonho e repetitivo" (2002, p.8),

Assim, a pesquisa me abriu os olhos, o peito e a mente. Demorou quase trinta anos até que eu pudesse perceber que nem tudo se tratava de ter ou não ter dinheiro. A classe não vinha primeiro. Mas quase tudo tinha relação direta com a cor da pele. Porque a cor, sim, vinha primeiro. Vem primeiro. Vivi na pele aquilo que Neuza Souza (1983) nos ensinou: nascer com pele negra não organiza, por si só, uma identidade negra.

> Ser negro é, além disto, tomar consciência do processo ideológico que, através de um discurso mítico acerca de si, engendra uma estrutura de desconhecimento que o aprisiona numa imagem alienada, na qual se reconhece. Ser negro é tomar posse desta consciência e criar uma nova consciência. (Souza, 1983, p.77)

O que antes eu não enxergava, naquele momento se apresentou de forma mais nítida do que nunca. De casa, a primeira percepção: minha mãe é uma mulher negra que cresceu plantando e colhendo milho e algodão no povoado Caldeirão e depois aprendeu o ofício da mãe para trabalhar na indústria da confecção. Meu pai era um homem branco de olhos verdes (que faleceu há três anos), de coração bom e casca grossa, que nasceu em Altos (também interior do Piauí). Mesmo com dificuldades, ele conseguiu estudar; ela, não. Ele teve algumas oportunidades de crescimento profissional da vida; ela, não. Ele sempre foi visto como meu pai; ela, não. Por vezes, minha mãe foi vista como minha babá, apesar de termos o mesmo tom de pele. Ele me ensinou muito; ela também.

Ele podia, ela não. A interseccionalidade das opressões me explicou que, pela raça e pelo gênero, minha mãe (mulher negra) sempre esteve à margem. Me entender como um homem não branco foi um processo longo, mas que preencheu um vazio ocupado pela colonialidade. Descolonizar o "ser" é também reconhecer minha ancestralidade e a necessidade urgente de resgatá-la em toda sua essência.

O que quando criança me parecia normal hoje me vem como reflexo de uma sociedade estruturalmente racista, patriarcal, colonial. Enquanto muitos colegas dedicam 100% do dia à pós-graduação, eu preciso fatiar meu tempo em três ou quatro, esticar os dias e alongar as noites. Encurtar o sono em uma difícil briga contra o tempo.

Mas para entender isso eu, primeiro, precisei me entender enquanto um homem negro, não branco. Um processo ainda em curso, que em um primeiro momento foi, simultaneamente, encontro e perda. Uma reconexão com passado que eu conhecia, mas não reconhecia. Foi uma escavação de memórias apagadas pelo tempo. Um reviver as dores, sabores e cheiros que me foram negados.

É como se eu passasse uma vida inteira sem saber quem sou eu e, aos poucos e devagar, pudesse me reencontrar com os fios que tecem os tecidos da minha história. Uma reconexão ainda não completa, mas suficientemente cheia de sentido e significado.

Procuro, hoje, ser um alimentador de sonhos. Meus e dos outros. Busco alinhavar meus filhos (Ayla e Caluh) com as linhas do passado dos nossos ancestrais. Busco acender neles o que foi apagado em mim quando criança. Busco sonhar com os pés no chão e o coração nas nuvens. Hoje sei que os sonhos podem ser reais!

REFERÊNCIAS

TORRE, Alberto Efendy Maldonado. Produtos midiáticos, estratégias, recepção. A perspectiva transmetodológica. *C-Legenda - Revista do Programa de Pós-graduação em Cinema e Audiovisual*, 2002.

SOUZA, Neusa S. *Tornar-se negro ou As vicissitudes da identidade do negro brasileiro em ascensão social*. Coleção Tendências, v4. Rio de Janeiro, Graal, 1983.

CLASSE SOCIAL NO BRASIL TEM COR

Estevão Garcia[28]

Fazer um ensaio falando de si mesmo pode parecer um elemento egocêntrico. Apesar de, em parte, ser de fato isso, também é imperioso trazer a trajetória de quem hoje se reconhece enquanto sujeito racializado. Nesse sentido, há um elemento positivo, que é essa capacidade de perceber elementos desse processo de construção. Mas também é uma visão do sujeito de hoje, com acúmulo de conhecimentos, vivências e entendimentos muito distintos.

Sou um sujeito branco, com antepassados brancos e possivelmente não tive na genealogia da família, ao menos oficialmente, a participação genética de pessoas negras ou indígenas. Como disse, hoje compreendo que, mesmo sendo de uma classe mais baixa social e economicamente falando, a minha brancura não somente me impediu de ser vítima de algumas situações como me possibilitou ter acesso a lugares, conhecimentos e experiências que pessoas não brancas raramente tiveram.

Mesmo sendo quase a vida toda estudante de escola pública, não me recordo de amigos negros. Muito menos de professoras negras. Fui criado dentro de uma perspectiva extremamente racista e sexista. Na minha casa, a divisão sexual das tarefas era bem clara, assim como outras práticas cotidianas. Até hoje lembro nitidamente de uma frase da minha mãe e uma do meu pai. Meu pai sempre me dizia, e a meus irmãos também, que não estava criando filhos para serem "viadinhos". Já minha mãe, de forma recorrente, após um período de brincadeiras com os amigos na rua, me mandava ir logo para o banho pois eu "estava fedendo igual preto."

---

[28] Mestrando em ciências humanas (UFFS). Graduado em educação física (UFJF). Professor efetivo do estado de Minas Gerais. Pesquisa branquitude, feminismo negro, cyber ativismo e negritude.

Dito isso, minha fase escolar, do ensino fundamental ao médio, não tem nenhuma relevância positiva no que diz respeito à formação enquanto sujeito racializado. Apenas reproduzia práticas racistas, principalmente no que conheço hoje como racismo recreativo, e gozava dos privilégios que minha cor sempre me proporcionou.

Durante boa parte do meu processo de graduação, fui atuante no movimento estudantil e, como boa parte dele, reproduzindo jargões e práticas sem necessariamente uma fundamentação teórica. Questões que estavam sendo postas à época para debates estruturantes da sociedade (entre 1999 e 2006) chegavam até a universidade, onde pretensamente atuavam grandes intelectuais formadores de opinião.

Fazendo parte do movimento estudantil, tinha contato com as discussões e, em outros casos, até era nomeado representante dos estudantes. Esse conceito de representatividade hoje para mim está bem alterado, visto que a diversidade de opiniões e concepções de mundo nunca está suficientemente suprida, mas isso é conversa para outro momento.

As pautas do movimento estudantil seguiam, e ainda seguem, muito próximas às dos movimentos sociais. E, em alguma perspectiva, são necessariamente antissistêmicas. A perspectiva anticapitalista norteava, e ainda norteia, as reflexões, ainda que poucas, e ações, ainda que desordenadas, de nós todos que militávamos no movimento estudantil. Apesar de estar diretamente ligado a pautas anticapitalistas, ainda não compreendia bem que determinadas práticas cotidianas estavam intimamente ligadas à manutenção desse sistema, como o machismo, a homofobia e o racismo. Esses elementos culturais, concretos, estruturam e são estruturados pelas relações sociais do modo de produção, da existência dentro do capitalismo e, portanto, inescapáveis ao debate e às lutas dentro dos movimentos sociais e estudantis.

Recordo que como membro do Diretório Central dos Estudantes (DCE) participei dos primeiros debates sobre a inclusão de cotas raciais na universidade na qual estudava. Inescapavelmente, eu, como sujeito branco não consciente dos profundos e estruturais debates sobre a raça, era contrário à implementação das cotas, em especial as raciais. Minha compreensão àquela época era fortemente determinada pela perspectiva meritocrática.

Meu primeiro contato com o movimento negro organizado foi no Rio de Janeiro, onde conheci membros do Denegrir. Confesso que o primeiro impacto foi bem chocante para mim. Eu nunca havia tido contato com um debate e práticas tão radicalizadas, e não falo isso pejorativamente. Foi a primeira vez, por exemplo, que tive contato com a questão dos relacionamentos afrocentrados.

Tudo me soava muito estranho, mas foi a partir daquele 2007 que comecei a estudar mais essas questões, mesmo que, *a priori*, por um viés mais classista do que racializado. Ingressei como coordenador do projeto "Conexões dos saberes", da UFRJ, que contemplava bolsas para os Estudantes Universitários de Origem Popular (EUOPs), dentre os quais muitos eram estudantes da primeira geração de suas famílias a ingressar na universidade pública.

Tive os primeiros contatos com narrativas históricas a partir de outras matrizes teóricas que não somente o marxismo, como por exemplo as teorias pós-coloniais. O contato com os bolsistas, de maioria negra, também foi enriquecedor. A partir dos conhecimentos adquiridos nos diálogos e na formação diária, resolvi morar na Favela de Manguinhos, onde permaneci durante três anos. Uma experiência pessoal muito marcante e terrível que me desenvolveu algumas fobias.

Creio que a única coisa maravilhosa que vou levar desse tempo que morei na favela foi ter conhecido Marielle Franco. Não é legal morar na favela. Mas foi ali que comecei a compreender que classe social no Brasil tem cor. As atividades formativas que tive como professor do cursinho pré-vestibular do Morro da Providência, bem como o contato com uma bibliografia mais afrocentrada ou afrodiaspórica deram início ao meu processo de entendimento desse debate racial, bem como minha autoidentificação como sujeito branco.

O contato mais amplo e profundo nesse processo, em se tratando de livros e autoras, foi com a filósofa Djamila Ribeiro, com seus livros *Quem tem medo do feminismo negro?* e *"O que é lugar de fala?.* Faço parte até hoje do coletivo "Juntos pela transformação", coordenado por ela. Evidentemente que atualmente vejo algumas contradições e limitações da autora, mas certamente ela foi determinante como porta de entrada para outros pensadores e pensadoras mais complexas e que tratam dezenas de centenas de outros aspectos desse debate, como Patricia Hill Collins, bell hooks, Michele Alexander, Juliana Borges, Silvio Almeida, Frantz Fanon, Adilson Moreira, Rodney William, Nei Lopes, Clóvis Moura, Sueli Carneiro, Beatriz Nascimento, W.E. Du Bois e Angela Davis, que depois conheci pessoalmente.

Hoje, após alguns anos de estudos e vivências, estou cursando uma especialização em educação para as relações étnico-raciais e um mestrado em ciências humanas, onde pesquiso o ciberativismo negro, para poder perceber até que ponto essa ação contribui nas mudanças epistemológicas e paradigmáticas da branquitude.

Desenvolvo algumas práticas pedagógicas também na escola na qual leciono, mas isso ainda se configura como iniciativa individual. Algo que, por lei, já deveria ter se institucionalizado.

Creio que a compreensão da minha branquitude enquanto raça ainda é muito incompleta, visto que essa completude não se dá somente com leituras e títulos acadêmicos. Mas, de alguma forma, penso que já superei a fase da culpa da qual fala Grada Kilomba e tenho me movimentado no sentido direto e constante na luta antirracista.

Finalizo este breve ensaio compreendendo que raça, categoria criada pela branquitude, só existe em função do outro, mas que o movimento de compreensão da minha brancura enquanto valor simbólico e material de privilégios não pode ser construída tendo os não brancos como referências de "os outros". Pelo menos é assim que penso neste momento.

REFERÊNCIAS

KILOMBA, Grada. *Memórias da plantação*. Episódios de racismo cotidiano. Rio de Janeiro, Cobogó, 2019.

RIBEIRO, Djamila. *O que é lugar de fala?* Belo Horizonte, Letramento/ Justificando, 2017.

RIBEIRO, Djamila. *Pequeno manual antirracista*. São Paulo, Companhia das Letras, 2019.

SOBRE OS ORGANIZADORES

Geísa Mattos

Fez estágio de pós-doutorado em Sociologia (City University of New York, 2015-2016). Doutora em Sociologia (Universidade Federal do Ceará - UFC). Mestra em Sociologia (UFC). Graduada em Comunicação Social (UFC). Professora de Sociologia no Programa de Pós-Graduação em Sociologia e no Departamento de Ciências Sociais da UFC. Coordenadora do Núcleo de Estudos em Raça e Interseccionalidades (Neri/UFC). E-mail: geisamattos@ufc.br

Tamis Porfírio

Doutoranda em Ciências Sociais pelo Programa de Pós-Graduação em Ciências Sociais da Universidade Federal Rural do Rio de Janeiro (PPGCS/UFRRJ). Mestre em Ciências Sociais (PPGCS/UFRRJ) e graduada em Ciências Sociais (UFRRJ). Pesquisa temas relacionados a gênero, raça e relações de trabalho. Autora do livro *A cor das empregadas: a invisibilidade racial no debate do trabalho doméstico remunerado* (Editora Letramento; Temporada). E-mail: tamispramos@gmail.com

Bruno de Castro

Mestre em Antropologia (UFC/Unilab). Especialista em Escrita Literária (FBUni). Graduado em Comunicação Social/Jornalismo (UniGrande). Membro do Núcleo de Estudos em Raça e Interseccionalidades (Neri/UFC), e cofundador do portal/coletivo Ceará Criolo. Finalista do Prêmio Jabuti de Literatura 2020. E-mail: bruno.castro.jornalismo@gmail.com

- editoraletramento
- editoraletramento.com.br
- editoraletramento
- company/grupoeditorialletramento
- grupoletramento
- contato@editoraletramento.com.br
- editoraletramento

- editoracasadodireito.com.br
- casadodireitoed
- casadodireito
- casadodireito@editoraletramento.com.br